COPYRIGHT © 2023 por Anellita Zara reservados. Queda prohibida la reprodu libro, en cualquier forma o por cualquier r incluidos los sistemas de almacenar información, sin el permiso escrito del autor, excepto para el uso ae citas breves en una reseña del libro.

DESCARGO DE RESPONSABILIDAD

Este libro se proporciona "tal cual" y "según disponibilidad", y el autor y el editor no hacen representaciones ni garantías, explícitas o implícitas, sobre la precisión, completitud, fiabilidad, idoneidad, calidad, disponibilidad o actualidad de las informaciones, textos, gráficos, enlaces u otros elementos contenidos en este libro.

Este libro tiene fines informativos únicamente y no debe utilizarse como sustituto de consejos médicos, de salud, dietéticos, nutricionales u otros profesionales. Siempre consulte a un profesional de la salud calificado antes de iniciar cualquier programa de dieta, ejercicio o suplementación. El autor y el editor no son responsables de ningún daño o perjuicio relacionado con la adquisición, uso o dependencia de cualquier contenido de este libro.

ÍNDICE

Introducción

La vanidad y la arrogancia no son los únicos aspectos del narcisismo. Un complicado trastorno psiquiátrico conocido como "trastorno narcisista de la personalidad" (NPD, por sus siglas en inglés) se caracteriza por un exagerado sentido de la propia importancia, un fuerte deseo de atención y elogios sin límites, relaciones tensas y falta de empatía hacia los demás. Sin embargo, cuando este trastorno se observa en el contexto de la familia, especialmente cuando la narcisista es una madre, aumenta la complejidad de su comprensión.

La madre desempeña un papel fundamental en la existencia de un niño. A menudo se la describe como la nutridora, la cuidadora y la maestra del amor y la compasión. Pero, ¿qué ocurre cuando la madre es incapaz de proporcionar estos nutrientes emocionales vitales? ¿Y si la madre, debido a sus tendencias narcisistas, crea una atmósfera de inseguridad, manipulación y agitación emocional? El impacto sobre los niños y la familia en su conjunto puede ser terrible y profundo.

De hecho, la capacidad de las personas con Trastorno Narcisista de la Personalidad para ocultar su enfermedad y sus intenciones dañinas es una de las características más nefastas del trastorno. Existe una larga historia de patologización y despatologización del narcisismo. Dado que los narcisistas suelen tener éxito social y que el abuso emocional que infligen puede ser en gran medida imperceptible para quienes no lo experimentan directamente, esto supone una dificultad para los profesionales de la salud mental.

Este disfraz puede causar el caos en un entorno familiar, especialmente cuando se trata de una madre narcisista. Los niños son a menudo los principales objetos de la manipulación y el control del narcisista, por lo que es posible que sean plenamente conscientes del abuso, mientras que otros miembros de la familia o extraños son felizmente inconscientes. Incluso las personas más cercanas a la madre narcisista pueden caer en su máscara porque es muy convincente.

Antes de comenzar nuestro examen, es importante aclarar lo que queremos decir con el término "narcisista" en el contexto de este libro.

Cuando utilizamos el término "narcisista" en este contexto, nos referimos a aquellos que se cree que son incapaces o muy limitados en su capacidad para procesar las emociones de una manera sana y empática. En su lugar, utilizan métodos engañosos para influir en las personas y provocarles sentimientos desagradables, a menudo para su propio placer. El dolor de los demás se convierte en una fuente de placer para los narcisistas.

La falta total de empatía, o al menos una marcada falta de ella, es una característica de los narcisistas. Se diferencian de los psicópatas, de los que normalmente se piensa que no tienen sentimientos, en que tienen una empatía excesiva sólo para sí mismos. A menudo dejan a los desafortunados que se ven atrapados en su red con graves heridas emocionales como resultado de su empatía egocéntrica, que les motiva a manipular y dominar a los que les rodean.

Al examinar la intrincada dinámica de las familias afectadas por una madre narcisista, es crucial comprender esta definición precisa de narcisismo: el amor verdadero y la empatía son sustituidos por la manipulación, el control y la agitación emocional en una atmósfera venenosa provocada por la incapacidad del narcisista para conectar emocionalmente de verdad con las personas y su predisposición a disfrutar del dolor que inflige.

El narcisista puede volverse bastante desagradable cuando se hiere su frágil ego, especialmente en situaciones sociales. Sin embargo, una vez que se les pasa el enfado, siempre pueden inventar una defensa lógica para un caso en el que fueron emocionalmente inmaduros. A menudo son capaces de encantar a sus víctimas y mantenerlas perplejas.

Sin embargo, esta atracción forma parte de un círculo vicioso de conquista, daño emocional y excusas. El narcisista puede atraer a las personas sólo para herirlas gravemente. Luego puede parecer honesto en sus explicaciones o disculpas antes de repetir el ciclo. Las víctimas de este ciclo pueden encontrar difícil reconciliar la apariencia seductora del narcisista con el comportamiento agresivo e impredecible del que son testigos.

Este ciclo puede adoptar formas particularmente insidiosas dentro de la familia, y es especialmente frecuente con una madre narcisista. Las

4

responsabilidades de crianza y cuidado de la madre pueden utilizarse como arma de control, y el amor y el apoyo se dan de forma condicional y a menudo impredecible. Los niños criados en un entorno así pueden experimentar una agitación emocional constante, sin saber nunca cuándo o qué puede desencadenar el siguiente estallido.

Una característica muy perniciosa de esta complicada afección es la capacidad del narcisista para socavar y agotar energéticamente a su víctima mientras asume un papel benéfico. Aquellos que han estado en una relación con un narcisista es probable que estén muy familiarizados con este comportamiento. Al principio, el narcisista puede parecer amable, generoso o incluso desinteresado. Sin embargo, bajo esta fachada, a menudo se dedican a una campaña constante de manipulación emocional y control.

La víctima de esta dinámica vampírica puede experimentar confusión, agotamiento y heridas graves sin ser capaz de identificar la causa. A nivel emocional, pueden saber que algo va mal, pero pueden tener dificultades para explicar o entender exactamente lo que está pasando. Conocer los procesos de abuso y el estilo emocional del narcisista puede ser esclarecedor, proporcionando conocimiento y validez a experiencias que otros pueden haber minimizado. Además, una vez que estos patrones se notan, son imposibles de ignorar.

Capítulo 1: Definición del Trastorno Narcisista de la Personalidad (NPD)

A veces denominado la "Biblia de la Psiquiatría", el DSM pretende proporcionar a los profesionales de la salud mental las normas estandarizadas necesarias para identificar y diagnosticar numerosas enfermedades mentales, incluido el trastorno narcisista de la personalidade.

El DSM enumera una serie de elementos esenciales para diagnosticar un NPD, como un patrón persistente de grandiosidad, una necesidad continua de admiración y una falta de empatía. El trastorno se caracteriza por un sentido exagerado de la autoimportancia, fantasías de éxito y poder ilimitados, la creencia de que uno es "especial" y único, y una necesidad obsesiva de recibir elogios de los demás.

También pueden ser incapaces de reconocer o relacionarse con los sentimientos y necesidades de los demás, y a menudo envidian a los demás o creen que los demás les envidian a ellos. A menudo se aprovechan de la gente para conseguir sus objetivos y pueden mostrar acciones o actitudes esnobs o arrogantes.

Si bien es fundamental que los profesionales de la salud mental comprendan estos criterios de diagnóstico, también puede ser un recurso útil para quienes piensan que pueden estar interactuando con una persona narcisista en su vida cotidiana. Las personas y las familias pueden comprender mejor sus experiencias, buscar ayuda profesional si es necesario y comenzar el proceso de curación siendo conscientes de los signos y síntomas de la NPD.

Sin embargo, es importante recordar que, aunque la lista de síntomas del DSM puede sugerir un trastorno narcisista de la personalidad, por sí sola no es concluyente. El trastorno debe ser diagnosticado formalmente por un profesional de la salud mental autorizado. Esto es especialmente cierto dados los matices y la complejidad del NPD, que a menudo se ve oscurecido o malinterpretado por otros comportamientos.

El Manual Diagnóstico y Estadístico de los Trastornos Mentales, Quinta Edición (DSM-5) enumera las siguientes características como rasgos definitorios del trastorno narcisista de la personalidad (NPD):

- Grandiosidad y expectativas de trato superior: Las personas con NPD suelen exagerar su sentido de la importancia y se creen superiores y únicas. Independientemente de su rango o logros reales, exigen un trato especial y esperan que los demás cumplan sus deseos.
- Fijación en el amor ideal o sueños irrealistas de poder, éxito, inteligencia, atractivo, etc.: Las personas con NPD pueden desarrollar sueños irrealistas de éxito sin fin, poder, brillantez, belleza o amor ideal.
- Autopercepción de ser especial, superior y de estar asociado con personas e instituciones de alto estatus: Pueden insistir en estar cerca de personas de alto estatus, creyendo que sólo ellos pueden entenderlos.
- Necesidad de admiración constante por parte de los demás: Uno de los rasgos distintivos de los NPD es la necesidad de admiración constante. A menudo necesitan elogios y adulación excesivos para aumentar su autoestima.
- Sentimiento de derecho: Las personas con NPD a menudo sienten que los demás tienen una deuda de gratitud con ellos por satisfacer sus demandas y deseos.
- Disposición a explotar a las personas en beneficio propio: A menudo manipulan y explotan a las personas para su propio beneficio, con poca o ninguna preocupación por sus sentimientos o bienestar.
- Falta de empatía: Una característica clave de los NPD es una marcada falta de empatía. A menudo les cuesta entender y validar las necesidades y sentimientos de los demás, lo que contribuye a sus problemas interpersonales.

Pueden sentir celos de las posesiones, logros o características personales de los demás e imaginar que los demás sienten lo mismo por ellos, aunque no haya pruebas de lo contrario.

La arrogancia, la altivez o las actitudes despectivas son características de los NPD, al igual que las actitudes esnobistas, desdeñosas o condescendientes. Sus acciones y actitudes hacia los demás, especialmente hacia los que consideran menos importantes, pueden ser un signo de su orgullo.

Estos rasgos deben ser persistentes y reaparecer en diferentes circunstancias. Es importante entender que mostrar algunos de estos rasgos no significa automáticamente que una persona tenga NPD; un diagnóstico definitivo requiere una evaluación exhaustiva por parte de un profesional de la salud mental.

Estos criterios pueden proporcionar un marco para reconocer patrones de comportamiento y buscar el tipo adecuado de apoyo y ayuda cuando se trata de comprender la NPD, especialmente en el contexto de relaciones estrechas como las que se mantienen con una madre narcisista.

Desmontando mitos

El egoísmo no es narcisismo

El narcisismo se confunde fácilmente con simple egoísmo o egocentrismo. Es necesario dejar claro que el narcisismo, y específicamente el Trastorno Narcisista de la Personalidad (NPD), va mucho más allá de estos rasgos. Para las personas que tratan de entender o recuperarse de una relación con un narcisista, conocer las distinciones puede ayudar a eliminar el estigma asociado con el término y proporcionar claridad.

Amor propio y satisfacción: Aunque es importante sentirse bien con uno mismo y estar satisfecho con la propia vida, el narcisismo adopta la forma de una necesidad incesante de elogios y una falta de compasión por los demás. Esto va más allá de la sana autoestima normal que tiene la mayoría de la gente.

Ser emocionalmente frío o indiferente puede deberse a diversas causas, como el tipo de personalidad, la educación o el estado emocional actual. No siempre es un signo de narcisismo, que se caracteriza por un hábito de victimización constante y una incapacidad para comprender las emociones de los demás.

A veces se describe a los narcisistas como testarudos, aunque no todos los que son testarudos son narcisistas. El narcisismo no es el único rasgo de personalidad que puede tener la terquedad.

Autocuidado: El autocuidado es cuidar bien de uno mismo, establecer límites y buscar la realización personal. No debe confundirse con el narcisismo, que se define por aprovecharse de los demás en beneficio propio.

Etiquetar erróneamente estos comportamientos como "narcisistas" puede dar lugar a malentendidos e incluso disuadir a las personas de buscar ayuda o determinar si están saliendo con un verdadero narcisista. También puede causar culpa injustificada o ansiedad sobre actividades humanas típicas.

Capítulo 2: Cómo piensa un narcisista

Comprender la mente de un narcisista, en particular de un padre narcisista, puede ser una tarea ardua. La compleja red de grandiosidad, derecho, manipulación y falta de empatía puede parecer incomprensible. Sin embargo, arrojar luz sobre cómo piensa un narcisista puede proporcionar ideas cruciales para los afectados por este comportamiento. Aquí exploraremos los patrones de pensamiento clave y las afirmaciones que reflejan la mentalidad del narcisista.

- "Soy el mejor": Esta actitud encarna el grandioso sentido de autoimportancia del narcisista. Se sienten con derecho natural a privilegios especiales y muestran poca consideración por la etiqueta social o los límites. Esta falta de respeto a menudo se extiende a sus relaciones con los demás, incluso con sus hijos. La madre narcisista espera que los demás observen, admiren e incluso adoren sus logros. Bajo la arrogancia puede esconderse un miedo profundamente arraigado.

- "Nunca me equivoco": Los narcisistas rara vez, o nunca, están dispuestos a admitir errores o defectos. Esta actitud puede ser particularmente dañina en una relación padre-hijo, en la que una madre narcisista puede no disculparse nunca o aceptar la responsabilidad de cualquier error. Los niños pueden sentirse invalidados y no escuchados.

- "Todos deben servirme": El padre narcisista suele creer que el mundo, incluidos sus hijos, debe satisfacer todos sus caprichos. Esta actitud puede conducir a demandas excesivas y expectativas poco realistas, haciendo que los niños se sientan agobiados y poco apreciados.

- "Me lo debes": Las madres narcisistas pueden sentir que sus hijos les deben obediencia, respeto o incluso la vida. Este sentido de deuda puede llevar a la manipulación y a la culpabilización, haciendo que los niños se sientan obligados a satisfacer las necesidades de su madre a expensas de su bienestar.

- "Tus necesidades no importan": La incapacidad de empatizar con los demás es un rasgo definitorio del narcisismo. Una madre narcisista puede hacer caso omiso de los sentimientos, necesidades o deseos de su hijo, centrándose sólo en lo que le sirve a ella. Esta negligencia puede conducir a profundas cicatrices emocionales y una lucha con la autoestima del niño.

- "Debo controlarlo todo": El control es un aspecto central de la mentalidad narcisista. Una madre narcisista puede tratar de controlar todas las facetas de la vida de su hijo, desde los amigos hasta las opciones profesionales. Esta naturaleza autoritaria puede ahogar la independencia y la autoexpresión.

Los narcisistas suelen creer que son mejores que los demás y tienen un sentido exagerado de su propia importancia. Este sentido exagerado de sí mismo les sirve de barrera, enmascarando miedos y dudas profundamente arraigados. Quieren que los demás los admiren y se sometan a su voluntad sin rechistar.

A pesar de su exterior arrogante, los narcisistas tienen un ego increíblemente frágil. Son demasiado sensibles a las críticas y, si creen que se les ha hecho daño, pueden reaccionar con ira o desprecio. Si alguien siente la necesidad de mantener la imagen que tiene de sí mismo, puede tergiversar o rechazar cualquier información que no se ajuste a cómo se ve a sí mismo.

La falta de empatía genuina es una característica definitoria de los narcisistas. Aunque pueden mostrarse preocupados o interesados, normalmente lo hacen para promover sus propios intereses o para controlar a los demás. Debido a su falta de empatía, tienen dificultades para establecer relaciones duraderas con otras personas.

Expertos manipuladores, los narcisistas suelen utilizar diversas estrategias para ejercer control sobre los que les rodean. La luz de gas, la culpabilización y la victimización son algunos ejemplos. Utilizan estas estrategias para mantener su autoridad y asegurarse de que los demás hacen lo que se les dice.

Los narcisistas a menudo se esfuerzan por alcanzar un estándar idealista de excelencia. Esta búsqueda incesante a menudo conduce a la insatisfacción y a una persistente sensación de fracaso, ya sea en sí mismos, en sus hijos o en sus logros. También puede crear presión y expectativas irracionales para sus allegados.

Aunque puedan parecer independientes, muchos narcisistas tienen un fuerte miedo a ser abandonados y rechazados. Para evitar el dolor de estar solos, se aferran a las relaciones, incluso a las que no son saludables. El comportamiento posesivo y celoso puede estar motivado por este miedo.

El narcisista puede oscilar entre extremos de idealización y devaluación en su pensamiento. Si alguien no está a la altura de las altas expectativas del narcisista, éste puede primero adorarlo y ponerlo en un pedestal antes de devaluarlo. Para las personas que lo reciben, este patrón puede ser confuso y perturbador.

La mente de un narcisista es una compleja red de contradicciones, miedos y defensas. Su comportamiento está impulsado por una necesidad constante de proteger su imagen inflada de sí mismo, una falta de empatía genuina y una fragilidad subyacente. La comprensión de esta mentalidad puede proporcionar información valiosa para aquellos que tratan con un individuo narcisista, ya sea un padre, pareja o amigo. También ayuda a desarrollar estrategias para protegerse de la manipulación y el desgaste emocional que suelen acompañar a estas relaciones.

Comprender estos procesos mentales va más allá del simple esfuerzo intelectual. Estas comprensiones pueden ser un salvavidas para el hijo de una madre narcisista. El niño puede comenzar el proceso de curación separando su autoestima de las acciones de su progenitora, reconociendo que los comportamientos son un síntoma de una personalidad desordenada.

Capítulo 3: Los tipos de madres narcisistas

1. La madre descaradamente narcisista.

La forma más fácil de reconocer es la madre narcisista severamente abierta. Es autoritaria, controladora y descaradamente egoísta.

Comportamientos: A menudo muestra un comportamiento grandilocuente, exige atención y prioriza abiertamente sus necesidades sobre las de sus hijos.

Efectos en el niño: El niño puede tener dificultades para desarrollar un sentido de independencia y autoestima porque se siente eclipsado, controlado o ignorado.

2. La madre descuidada

Esta madre puede mostrarse indiferente a las necesidades de su hijo, a menudo anteponiendo las necesidades de su hijo a las suyas propias de una forma que quizás no sea abiertamente dominante, pero sí indiferente.

Comportamiento: Ignora las necesidades emocionales del niño, se centra en su propia vida y puede dejar a los niños solos.

Efecto en el niño: Más adelante en la vida, el niño puede tener dificultades para establecer buenas relaciones afectivas, sintiéndose desatendido o insignificante.

3. La madre acosadora

Este tipo suele tratar a sus hijos como si fueran de su propiedad y ejerce un férreo control sobre ellos.

Gobierna con mano dura, castiga cualquier desaire percibido y puede recurrir a la intimidación física o a las amenazas.

Efecto en el joven: El niño puede experimentar miedo, ansiedad o desesperación mientras lucha por expresar su singularidad o encontrar su voz.

4. El narcisista encubierto

Este tipo de manipulador puede ser más discreto en sus tácticas, a menudo presentándose como cariñoso y atento mientras que en secreto socava y domina a su hijo.

Los insultos sutiles, los comentarios pasivo-agresivos, el uso de la culpa o la manipulación emocional son ejemplos de comportamientos.

Efecto sobre el adolescente: El adolescente puede sentirse confuso y cohibido, dudando constantemente de sus observaciones y sentimientos.

5. La madre "mejor amiga

Este tipo de mujer suele pasarse de la raya y prefiere ser la amiga de su hijo antes que su madre.

Demuestra límites parentales inapropiados, comparte información personal en exceso y trata al niño como confidente o igual.

Impacto en el niño: Al sentirse responsable del bienestar emocional de la madre, el niño puede tener dificultades para establecer buenos límites en las relaciones.

6. La madre víctima narcisista

Esta personalidad se presenta como una víctima perpetua y manipula a sus hijos para ganarse su simpatía.

Se queja constantemente, busca compasión y utiliza sus problemas para dominar y controlar a sus hijos.

El adolescente puede sentirse excesivamente responsable del placer de la madre y tener dificultades para anteponer sus propias necesidades.

La curación requiere comprender los muchos tipos de madres narcisistas, sus acciones distintivas y los efectos que tienen en su descendencia. Ayuda a comprender los patrones abusivos y controladores y puede orientar el tratamiento y el apoyo.

Curarse de una madre narcisista es un proceso profundamente personal y a menudo traumático. Comienza con la toma de conciencia y, a menudo, requiere ayuda profesional para trabajar los complicados sentimientos y las cicatrices que quedan. La recuperación requiere establecer límites adecuados, desarrollar redes de apoyo, hacer hincapié en el autocuidado y reconocer que la curación es un viaje, no un destino.

Aunque el viaje pueda parecer abrumador al principio, es posible salir fortalecido y más resistente. La autorrealización, el progreso personal y el empoderamiento son objetivos realistas. La curación puede convertirse en algo más que un objetivo lejano con paciencia, persistencia y un compromiso con uno mismo.

Capítulo 4: Efectos de las madres narcisistas en sus hijos

Las madres narcisistas suelen proyectar una larga sombra sobre la vida de sus hijos, influyendo en su desarrollo futuro y en sus relaciones de maneras que pueden ser bastante perjudiciales. Dado que estas madres anteponen sus propias necesidades, deseos y sentimientos a los de sus hijos, la negligencia emocional y el maltrato son habituales. Bajo la estrecha supervisión de una madre narcisista, un niño puede sufrir constantes críticas, humillaciones y manipulaciones. Esto puede dañar su sentido del valor y minar su autoestima.

A medida que crecen, estos niños pueden descubrir que su valía viene determinada por lo bien que puedan satisfacer las necesidades de su madre. Podrían desarrollar el hábito codependiente de prestar excesiva atención a las necesidades y deseos de los demás, ignorando los suyos propios. Esto podría llevarles a buscar durante toda su vida la aceptación y validación de los demás, a veces a su costa.

La influencia de una madre narcisista también puede afectar a las relaciones adultas del niño. Puede ser difícil para ellos formar relaciones fuertes y satisfactorias con los demás, ya que luchan con problemas de abandono, intimidad y confianza. Una madre que repetidamente ignoró o violó sus límites durante la infancia puede hacer que sea difícil para ellos crear y mantener límites.

A medida que el adolescente hace frente al estrés continuo y a la agitación emocional de su crianza, pueden surgir problemas de salud mental como la ansiedad y la depresión. Como las dolencias relacionadas con el estrés, como el insomnio, el dolor crónico y los problemas digestivos, se hacen más frecuentes, su salud física también puede resentirse.

Estos niños pueden tener problemas con su sentido de sí mismos si no reciben un verdadero apoyo emocional, validación y conexión. Pueden sentirse perdidos y alejados de sí mismos, confundidos sobre su identidad, valores y deseos. Con constantes críticas y menoscabo, pueden tener dificultades para perseguir sus intereses y alcanzar sus metas en sus esfuerzos académicos y profesionales.

Luchamos más con el abandono emocional porque de niños tuvimos una madre narcisista. Este abandono es a veces sutil e insidioso. Las necesidades emocionales de su hijo pueden ser desatendidas por la madre narcisista porque está muy preocupada por sus propias necesidades y deseos, dejando una cicatriz grave y duradera.

Vivir bajo la influencia de una madre narcisista puede proyectar una larga sombra sobre la propia vida. Es esencial reconocer que los efectos en un niño son polifacéticos y penetran en diversos aspectos de su bienestar emocional, psicológico y, a veces, incluso físico.

Confusión emocional

Uno de los efectos más pronunciados es la confusión emocional. De forma innata, los niños buscan en sus padres validación y comprensión. Sin embargo, con una madre narcisista, las emociones no se reflejan correctamente. El niño puede expresar tristeza, sólo para ser recibido con indiferencia, o mostrar felicidad y ser recibido con celos. Esto puede dar lugar a una brújula emocional sesgada, en la que el niño crece inseguro de sus sentimientos y lucha por comprender o confiar en sus respuestas emocionales.

Duda crónica de sí mismo

El debilitamiento constante y la luz de gas, comportamientos típicos de las madres narcisistas, pueden conducir a un profundo sentimiento de duda en el niño. Pueden crecer cuestionando sus percepciones y recuerdos, inseguros de si pueden confiar en sus juicios. Esta auto-duda puede impregnar todas las áreas de la vida, desde las relaciones personales a las decisiones profesionales, siempre preguntándose si son "lo suficientemente buenos."

Cuestiones de apego

Dado que el vínculo entre una madre y su hijo es fundamental, las interrupciones en esta relación pueden dar lugar a problemas de apego. Los hijos de madres narcisistas pueden volverse ansiosamente apegados, buscando constantemente la validación y la seguridad de los demás. Por el contrario, pueden oscilar hacia el otro extremo, volviéndose evasivamente apegados y distanciándose de posibles relaciones para protegerse de más dolor.

Miedo a la autenticidad

Dado que cualquier desviación de las expectativas de la madre narcisista puede dar lugar al ridículo o al castigo, el niño aprende a enmascarar su verdadero yo. Esta supresión puede conducir a un profundo miedo a la autenticidad. En la edad adulta, estos individuos pueden tener dificultades para comprender sus verdaderos deseos, pasiones o creencias, después de haber pasado tanto tiempo amoldándose a los caprichos de otra persona.

Dificultad con la intimidad

Los comportamientos impredecibles y a menudo hirientes de una madre narcisista pueden crear un miedo profundamente arraigado a la intimidad en sus hijos. De adultos, puede resultarles difícil abrirse a sus parejas o amigos, por miedo a la traición o al ridículo. Esto puede provocar sentimientos de aislamiento, incluso cuando están rodeados de seres queridos.

Hipervigilancia

Crecer en las arenas siempre cambiantes de los estados de ánimo de un narcisista puede inculcar un sentido de hiper-vigilancia. El niño aprende a estar siempre en guardia, tratando de predecir y prevenir posibles arrebatos o cambios de humor. Este estado constante de alerta puede persistir hasta la edad adulta, provocando ansiedad y trastornos relacionados con el estrés.

Hijos adultos de madres narcisistas

A menudo utilizan mecanismos de afrontamiento para sobrevivir en un entorno tan turbulento e indiferente. Es posible que se encuentren constantemente intentando satisfacer las necesidades de los demás mientras ponen las suyas propias en último lugar. Es posible que el deseo de satisfacer a los demás prime sobre el propio bienestar.

A medida que maduran, este conflicto puede manifestarse de diversas maneras. Algunos de los problemas más comunes son no saber cuidar de uno mismo, poner demasiado énfasis en las necesidades y deseos de los demás y no sentirse conectado con sus propias necesidades y objetivos. Esto puede llevar a una falta de autoconciencia, problemas de autoestima e incapacidad para establecer y mantener límites adecuados.

Estas tendencias suelen conducir a relaciones infelices y perjudiciales, ya que el hijo adulto intenta constantemente ganarse el favor de la gente y validar su existencia. Pueden verse atrapados en un patrón de negligencia y abandono repetidos en sus relaciones adultas.

Pueden quedar atrapados en un ciclo de abandono y negligencia constantes en sus relaciones adultas. Esta demanda incesante de aprobación suele reflejar una profunda necesidad de algo que nunca recibieron: el amor y la aceptación inquebrantables de su madre. Las acciones adquieren la inquietante resonancia de sus años de formación.

La aversión a la intimidad

También puede surgir un miedo intenso a la intimidad en un hijo adulto de una madre narcisista. Puede resultarles difícil confiar en los demás porque se les ha enseñado constantemente que el afecto y la atención son condicionales y pueden retirarse en cualquier momento. Aunque pueden evitar las relaciones profundas por miedo a ser vulnerables y rechazados, es posible que secretamente anhelen la conexión que se les negó.

Las relaciones de amistad, laborales y sentimentales pueden verse afectadas por el miedo a la intimidad. Incluso con las personas más cercanas, pueden evitar asumir riesgos, ser vulnerables o sincerarse de verdad.

Identidad conflictiva

Crecer con una madre narcisista suele conllevar la represión constante de las propias ideas, sentimientos y deseos. En lugar de desarrollar un fuerte sentido de su propia personalidad, el niño aprende a amoldarse a lo que la madre desea. Esta represión puede hacer que se sientan confusos e inseguros sobre quiénes son y qué quieren ser de adultos.

Otro factor de la crítica constante y la falta de compasión de la madre hacia ellos es su falta de empatía. Incluso los pequeños errores pueden verse como fracasos catastróficos, lo que fomenta la idea de que los individuos son defectuosos o inútiles.

El ciclo del abuso

Trágicamente, algunos hijos adultos de madres narcisistas pueden experimentar una repetición del ciclo de abuso en sus propias relaciones, ya sea como abusadores o como víctimas. Sin saberlo, pueden buscar parejas con dinámicas similares a las de sus primeras relaciones, o encontrarse imitando las tendencias manipuladoras o controladoras de su madre. **Un componente clave de la recuperación es reconocer y poner fin a este patrón.**

Capítulo 5: Hijas de madres narcisistas

Una madre narcisista y su hija mantienen una relación complicada y llena de conflictos emocionales. Es una danza que a menudo gira en torno a los dos componentes clave de la manipulación y el control. En estas situaciones, las hijas se enfrentan a dificultades únicas.

Una madre narcisista suele preocuparse por cómo aparece ante los demás, cómo la perciben sus hijos y cómo puede manipularlos para que se adapten a sus necesidades. Esto puede conducir a un hogar donde la apariencia es más importante que el carácter, y donde tus logros se reconocen sólo en la medida en que mejoran su estatus social. Tus defectos o errores pueden ser resaltados y utilizados en tu contra, no como oportunidades de crecimiento y aprendizaje, sino como herramientas para hacerte sentir débil e insignificante.

La relación entre una madre narcisista y su hija puede ser especialmente complicada. Las hijas de madres narcisistas suelen tener ideas distorsionadas de lo que deben significar el amor, la empatía y la conexión a medida que crecen. Pueden descubrir que su valía depende de la aprobación de su madre, que sus deseos y sentimientos carecen de importancia o tal vez son insignificantes, y que deben trabajar incansablemente para ganarse un afecto que debería darse libremente.

Estas lecciones pueden acompañarte hasta la edad adulta y ser difíciles de olvidar. Pueden afectar a todas las facetas de su vida, incluidas sus relaciones con los demás y su sentido de la autoestima y la propia imagen. La presencia persistente de miedo, preocupación y confusión en el hogar de tu infancia puede seguir afectando a tu vida adulta de formas sutiles y no tan sutiles.

Una madre narcisista suele hacer que su hija se sienta culpable todo el tiempo. La decepción suele ir unida a la culpa, ya sea por lo mucho que ha hecho por ella, por lo mucho que ha renunciado por la familia o por lo mucho que se ha puesto a su disposición. La hija puede tener un sentimiento constante de obligación hacia su madre como consecuencia de la culpa de ésta, que puede incluir hasta las cuestiones más insignificantes.

Además, esta manipulación puede disfrazarse de preocupación genuina. La madre da a su hija la impresión de que se preocupa por ella comprándole cosas que realmente no quiere o mostrándole una falsa atención. Estos regalos se hacen con la intención de que la hija se sienta obligada y culpable, aunque parezcan actos de compasión.

La otra cara de esta relación entrelazada es el control. Una madre narcisista quiere controlar la vida de su hija en todos los sentidos. Esto puede tomar la forma de una crianza controladora, duras críticas o incluso iniciativas para moldear la personalidad y los gustos de su hija a los suyos.

A menudo, parte de este control implica crear dependencia. La madre puede elegir deliberadamente por su hija, cultivando un sentimiento de impotencia y dependencia. La hija puede llegar a dudar de su capacidad de autodeterminación y, con el tiempo, llegar a creer que es incapaz de actuar de forma independiente.

El coste emocional

La hija en esta situación puede sufrir mucho por la manipulación y el control constantes. Confusión, preocupación y baja autoestima son emociones comunes. La hija puede tener dificultades para desarrollar su identidad al estar constantemente agobiada por las expectativas y opiniones de su madre.

Además, la hija puede preocuparse constantemente por no disgustar a su madre y sentirse atrapada en un interminable deseo de aceptación que siempre está fuera de su alcance. El resultado de esta relación suele ser una profunda amargura y rabia, pero estas emociones suelen reprimirse por culpa y deber.

Relaciones futuras afectadas

Los efectos de tener una madre narcisista pueden extenderse más allá de la relación madre-hija y afectar a la hija en muchas áreas de su vida. Puede resultarle difícil entablar relaciones sanas con amigos, parejas o incluso con sus hijos como consecuencia de los hábitos y las técnicas de afrontamiento que ha aprendido.

En las relaciones, puede haber problemas de confianza, aversión a la intimidad y un hábito de comportamiento excesivamente dominante o sumiso. Puede llevar años corregir las ideas erróneas de la hija sobre lo que son realmente el amor y la compasión.

Una estrategia de dependencia e inseguridad

Para desarrollar un sentimiento de inseguridad y dependencia en sus hijas, las madres narcisistas suelen utilizar el método manipulador de la triangulación. La retorcida dinámica de la relación madre-hija se ve exacerbada por este método, que añade un nivel de complejidad que puede resultar confuso y perjudicial.

Una situación común de triangulación implica que la madre narcisista deliberadamente crea conexiones entre su hija y otras personas, a menudo hermanos u otros miembros de la familia. Estas conexiones no se basan en la empatía o la confianza, sino que sirven para reducir la autoestima de la hija.

La madre puede enfrentar a un hermano con otro revelando información personal o fomentando el resentimiento y la rivalidad. La madre se asegura de que los hermanos no conecten entre sí enfrentándolos y creando estos triángulos, obligándoles a acudir a ella en busca de validación y aceptación.

La intención es inculcar en la hija una profunda necesidad de la aprobación de su madre haciéndola sentir insegura de sí misma y de sus circunstancias. Este apego malsano puede ser tan fuerte que la hija se sienta incapaz de tomar decisiones sin la ayuda o el consejo de su madre.

Este triángulo obliga a la hija a entrar en un círculo vicioso en el que sigue buscando en su madre la atención, el amor y la aceptación que nunca ha experimentado realmente. Se ve atrapada en la red engañosa de su madre mientras se esfuerza por conseguir sus objetivos.

La triangulación destruye la autoestima de la hija, lo que también dificulta que mantenga relaciones significativas con sus hermanos u otros miembros del triángulo. Puede verlos como enemigos o rivales en lugar de camaradas, lo que la aislaría aún más y la mantendría atada a su madre narcisista.

Existe una complicada red de dificultades emocionales causadas por la culpa, la conciencia exacerbada y las relaciones incómodas que deja una madre narcisista. Estas tres ideas se combinan para crear un patrón disfuncional profundamente arraigado que puede afectar a todas las facetas de la vida de una hija.

La vergüenza genera sentimientos de inutilidad y la convicción de que uno está esencialmente roto. El resultado puede ser una persistente falta de confianza en uno mismo que afecta a las relaciones, el empleo e incluso los intereses personales y las aficiones, así como actividades autodestructivas. Puede conducir a una necesidad constante de seguridad que nunca se satisface del todo y a una búsqueda constante de validación externa.

El miedo y el terror son efectos persistentes de la hipervigilancia. Crecer en un ambiente en el que la seguridad nunca está garantizada porque nunca se sabe cuándo el afecto de la madre se convertirá en crítica o enfado. Esto puede persistir en la edad adulta, apareciendo como un estado constante de alerta y preparación para el peligro, incluso en circunstancias en las que no existe una amenaza real. Es un estilo de vida exigente que puede repercutir negativamente en la salud física y mental.

Estos problemas tienen su origen en relaciones de apego inseguras. La conexión más temprana e importante de un niño con el mundo exterior es con su cuidador principal, que sirve de base para todas las conexiones posteriores. El narcisismo distorsiona esta relación, lo que es una receta para los problemas. Las hijas de madres narcisistas pueden tener dificultades para establecer y mantener relaciones sanas. Incluso cuando hay un deseo genuino y un intento de hacerlo, pueden encontrarse atraídas por parejas que sirven para reforzar sus sentimientos de culpa y ansiedad, o les puede resultar difícil confiar y conectar con los demás.

Como ya se ha señalado, estos tres problemas juntos aumentan la susceptibilidad a la enfermedad mental. Fomentan un clima psicológico en el que pueden florecer trastornos como el trastorno de estrés postraumático complejo (TEPT-C), la ansiedad o la depresión. El desarrollo normal y el crecimiento emocional pueden ser extremadamente difíciles debido al estrés y la agitación constantes, a la falta de una base segura desde la que explorar el mundo.

Especialmente con las hijas mayores, la manipulación de una madre narcisista puede volverse más sutil e insidiosa con el tiempo. La dinámica cambia del control manifiesto a tácticas más encubiertas, pero no por ello menos dañinas. Echemos un vistazo más de cerca a algunas de estas tácticas:

Chantaje emocional: Una madre narcisista puede manipular a su hija adulta por miedo, culpa o humillación. El chantaje emocional suele utilizar frases como "después de todo lo que he hecho por ti", o amenaza con retener el afecto o la atención.

Triangulación: Como se señaló anteriormente, las madres narcisistas a menudo enfrentan a sus hijos entre sí. Para asegurarse de seguir siendo el centro de atención y mantener el control, puede revelar secretos o difundir rumores entre sus hermanos u otros miembros de la familia.

Infantilización: Una madre narcisista puede tratar a su hija adulta como a una niña, aunque sea adulta, socavando su sentido de independencia y autoestima. Esto puede adoptar la forma de consejos no deseados, juicios sobre elecciones o intentos manifiestos de influir en la vida de su hija, como su carrera o sus relaciones sexuales.

Amor condicional: El afecto de una madre narcisista suele venir con condiciones. Las hijas adultas pueden creer que deben cumplir ciertos requisitos o normas para recibir el amor y la aprobación de su madre. El resultado puede ser una vida dedicada a intentar cumplir normas poco realistas.

Hacerse la víctima: Una madre narcisista puede presentarse como una mártir inocente, especialmente cuando su hija adulta comienza a afirmar su independencia o a criticar su comportamiento. Desvía la atención de las preocupaciones legítimas de su hija y la redirige hacia sí misma haciéndose la víctima.

Una madre narcisista puede utilizar la luz de gas, una estratagema psicológica, para hacer que su hija cuestione sus opiniones, recuerdos o cordura. Puede socavar la confianza de su hija adulta en su juicio minimizando los hechos o distorsionando la realidad.

Manipulación financiera: En algunos casos, una madre narcisista puede utilizar el dinero o una herencia como un arma para controlar a su hija adulta, ya sea colgándolo como un beneficio para la obediencia o amenazando con retenerlo como castigo por la desobediencia.

Invasión de la intimidad: Una madre narcisista puede sentirse con derecho a conocer todos los aspectos de la vida de su hija adulta y puede llegar a violar su intimidad, incluso indagando en detalles íntimos de su vida personal, sus asuntos financieros o incluso su salud.

El comportamiento de una madre narcisista se caracteriza por la dependencia de un "suministro narcisista". Busca constantemente aprobación, cumplidos y atención, a menudo a expensas de sus hijos, especialmente de sus hijas adultas. Las funciones y responsabilidades básicas de la maternidad quedan oscurecidas por esta búsqueda constante de autovalidación, lo que da lugar a una relación padre-hijo altamente disfuncional.

Una madre narcisista a menudo muestra ira o desprecio por cualquier cosa que desafíe su sentido de autoestima. Como resultado, puede ser cruel o despectiva con sus hijos, especialmente cuando hacen algo que la ofende. Sigue utilizando estrategias manipuladoras a medida que sus hijos crecen, ya sea chantaje emocional, victimización o amor condicional. Es incapaz de conectar genuinamente con sus hijos u ofrecerles apoyo emocional porque es incapaz de mirar más allá de sus propios deseos. Cualquier muestra de afecto o apoyo suele estar motivada por sus propios intereses o por una forma de favorecerlos.

Las partes más afectadas en esta compleja y a menudo perturbadora interacción son las hijas adultas de una madre narcisista. Suelen sentirse inadecuadas de niñas y no confían en su propia valía más allá de la opinión de su madre. Su deseo de obtener la aprobación y el afecto de su madre, que siempre parece estar fuera de su alcance, puede complicarles la vida. La lucha de por vida con la autoestima y la identidad puede ser el resultado de la contradicción de necesitar afecto y validación de la persona que niega repetidamente estos deseos.

27

Los trucos emocionales y las manipulaciones no siempre cesan cuando las hijas crecen. La madre narcisista puede seguir interfiriendo en la vida de sus hijas adultas ofreciéndoles consejos no solicitados, criticando sus decisiones e incluso empleando tácticas más sutiles, como la luz de gas o el control financiero. La madre narcisista a menudo enfrenta a los miembros de la familia entre sí, lo que puede llevar a relaciones tensas no sólo con ella, sino con todos los demás en la familia como resultado de estas invasiones constantes.

Si tu madre era narcisista cuando estabas creciendo, tu futuro puede parecer incierto y bifurcado. Por un lado, puedes sentirte presionado a imitar las tendencias narcisistas de la persona que te crió, siguiendo un ciclo perjudicial que parece cómodo. Por otro lado, puede sentirse obligado a superar esa educación y trabajar para emular la lealtad, el amor y la generosidad, no sólo para usted, sino también para sus propios hijos y cualquier otra persona que entre en su vida.

El camino que elijas en este viaje revela tanto tu resiliencia como tu capacidad para liberarte de los hábitos y tendencias que se arraigaron en ti durante tus años de formación. Se necesita valor, perseverancia y un viaje de autodescubrimiento para no dejarse definir por el pasado y crear un futuro que sea fiel a lo que realmente eres.

La elección de seguir el camino de la bondad, la lealtad y el amor es muy poderosa. Detener el ciclo del narcisismo y adoptar una nueva perspectiva sobre cómo te relacionas con los demás y contigo mismo requiere mucha fuerza. Este camino implica elegir activamente en qué quieres convertirte, en lugar de simplemente reaccionar ante lo que te han hecho. Se trata de recuperar tu identidad y construir una vida de relaciones satisfactorias.

Es importante reconocer las dificultades que traerá consigo este viaje. Puede haber momentos en los que la atracción del pasado parezca abrumadora, en los que los viejos hábitos intenten resurgir y en los que las cicatrices del pasado sigan siendo nítidas. En esos momentos, buscar ayuda profesional, hacer amigos que te apoyen o practicar el autocuidado pueden ser salvavidas esenciales.

Pero recuerda que tienes la capacidad de cambiar tu vida y la de los demás con los que entras en contacto. Incluso los acontecimientos traumáticos te han cambiado, pero no tienen por qué ser tus características definitorias. Tienes el poder de elegir la compasión sobre la ira, el amor sobre la amargura y la esperanza sobre la desesperación.

Elegir este camino significa crear una atmósfera de amor y compasión para tus hijos y los que te rodean, y quizás poner fin a un ciclo generacional de narcisismo. Es un legado significativo, un regalo que viene de comprender y avanzar más allá de lo que has experimentado, y es una elección que sólo tú puedes hacer.

Elegir este camino -el camino de la empatía, la compasión y el amor- es un compromiso con el crecimiento personal y la sanación. Representa una ruptura del ciclo narcisista de generación en generación y una oportunidad de dejar un legado compasivo y amoroso. El camino puede estar lleno de obstáculos, remordimientos y cicatrices del pasado, pero también encierra la posibilidad de felicidad, comunidad y verdadera satisfacción. Es un camino que no sólo te ayuda a aprender más sobre ti mismo, sino también sobre las personas y nuestro potencial de bondad. Es una elección que te da la capacidad de trascender tu educación y convertirte en la fuerza nutricia que de otro modo no habrías conocido. Aunque la elección es tuya, recuerda que no viajas solo. Aquellos que lo busquen encontrarán amor, comprensión y apoyo. Tu futuro es un monumento a tu fuerza, tenacidad y capacidad de compasión.

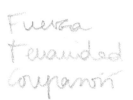

Capítulo 6: TEPT y TEPTC

El trastorno de estrés postraumático (TEPT) se desencadena al experimentar o presenciar un suceso horrible. Es una reacción que prolonga la respuesta de lucha o huida mucho después de que la amenaza original haya pasado, yendo más allá de las reacciones típicas al estrés.

Dado que cualquier persona que haya sufrido un trauma puede desarrollar un TEPT, es importante comprender esta enfermedad. Un desastre natural, una agresión, un conflicto militar o un accidente pueden tener un profundo impacto psicológico. Con tiempo y autocuidados, muchas personas pueden recuperarse de un acontecimiento traumático, pero para otras, el impacto emocional perdura y provoca el TEPT.

Flashbacks, pesadillas, ansiedad extrema, desesperación y pensamientos incontrolables sobre el suceso son algunos de los síntomas del TEPT. Estos síntomas debilitantes pueden afectar a las relaciones, la vida cotidiana e incluso la salud física. Una persona con esta afección puede experimentar ansiedad persistente, lo que puede provocar irritabilidad, dificultad para conciliar el sueño y un cambio negativo de pensamientos y actitudes. Para aislarse aún más, las personas con TEPT pueden evitar situaciones o lugares que les traigan recuerdos desagradables.

Comprender el TEPT es importante porque facilita reconocer los síntomas en uno mismo o en los demás y darse cuenta de que es una afección médica real y tratable. La compasión, el apoyo y los cuidados adecuados pueden surgir de la aceptación y la comprensión. La recuperación puede verse muy favorecida por un asesoramiento profesional y un tratamiento adaptado a la experiencia de cada persona. La intervención temprana puede ayudar a las personas a recuperar el control de sus vidas allanando el camino para una terapia más eficaz.

Una forma más grave de TEPT, conocida como trastorno de estrés postraumático complejo (TEPT-C), se define por la exposición prolongada a sucesos traumáticos o abusos, a menudo durante periodos críticos del desarrollo como la infancia. Aunque un acontecimiento único y aislado puede causar TEPT, el trauma prolongado durante un periodo de tiempo suele ser la causa del TEPT-C.

Aunque los síntomas del TEPT-C pueden ser más graves y abarcarlo todo, son similares a los del TEPT. Los flashbacks, las pesadillas y la ansiedad insoportable son sólo algunos de los posibles síntomas, junto con otras cuestiones como la inestabilidad emocional, la soledad y los problemas interpersonales. Las personas con TEPT-C también pueden tener sentimientos persistentes de vergüenza o culpa, una sensación de distanciamiento o disociación de sí mismas y una percepción distorsionada del agresor. Estos síntomas suelen llevar a las personas a obsesionarse con vengarse del agresor o a evitar por completo las relaciones que puedan traer recuerdos del abuso.

Para las personas que han sufrido abusos durante mucho tiempo, como los hijos de padres narcisistas, es muy importante comprender el TEPT-C. El control, la crítica y la manipulación constantes pueden dañar el bienestar emocional y socavar la capacidad de confiar en los demás. La complejidad del proceso de rehabilitación suele verse incrementada por la naturaleza arraigada del trauma.

Para tratar el TEPT-C suele ser necesaria una estrategia multimodal, que incluye asesoramiento, grupos de apoyo y, ocasionalmente, medicación. El tratamiento puede llevar más tiempo y requerir una atención especializada centrada en las experiencias y necesidades únicas del individuo, ya que los síntomas son más graves y arraigados.

Es esencial reconocer la probabilidad de TEPT-C en el entorno de las hijas de madres narcisistas. El abuso era crónico, a menudo comenzaba en la infancia y se extendía hasta la edad adulta, lo que encaja con los criterios del TEPT-C. Entender el trastorno puede ayudar a alguien a buscar la ayuda profesional adecuada, dándole la oportunidad de curarse, crecer y vivir una vida libre de las cargas de su trágico pasado. Reconstruir la autoestima, aprender a establecer límites y desarrollar relaciones sanas -tanto con uno mismo como con los demás- suelen ser los objetivos principales de la terapia en esta situación. El estigma asociado al TEPT-C disminuye al ser reconocido como un diagnóstico médico real, lo que abre la puerta a la curación y la autoaceptación de quienes lo padecen.

Los problemas de salud mental que pueden desarrollarse como consecuencia de acontecimientos traumáticos se denominan TEPT (Trastorno de Estrés Postraumático) y TEPT-C (Trastorno de Estrés Postraumático Complejo). Aunque son similares, existen claras diferencias entre ellos que afectan tanto al diagnóstico como a los métodos de tratamiento.

TEPT

Normalmente, un único acontecimiento traumático o una serie de acontecimientos provocan el TEPT. Un accidente de coche, una agresión o una catástrofe natural son sólo algunos ejemplos. Los recuerdos del suceso, las pesadillas, la irritabilidad y una sensación persistente de peligro son síntomas posibles del TEPT. Ayudar al paciente a aceptar el acontecimiento traumático, comprender y controlar los síntomas y desarrollar mecanismos de afrontamiento suelen ser los principales objetivos del tratamiento del TEPT.

C-TEPT

Por otra parte, el TEPT-C suele ser el resultado de traumas continuos y recurrentes. Esto puede incluir violencia doméstica prolongada, maltrato infantil o residencia prolongada en zonas de conflicto. Además de los síntomas típicos del TEPT, el TEPT-C también puede implicar problemas más profundos y complicados, como desregulación emocional, mala imagen de sí mismo y problemas de relación.

En comparación con el tratamiento del TEPT, la recuperación del TEPT-C puede ser más difícil y llevar más tiempo, y a menudo requiere centrarse más en reconstruir el yo y redescubrir cómo desarrollar relaciones significativas.

Mientras que el TEPT suele estar relacionado con un acontecimiento o una serie de acontecimientos concretos, el TEPT-C está causado por traumas más duraderos y persistentes. Los síntomas y la estrategia de tratamiento necesaria reflejan esta diferencia en la naturaleza del trauma.

El TEPT-C tiende a tener un impacto más amplio en la vida de una persona, afectando no sólo a cómo reacciona ante determinados desencadenantes, sino también a cómo se percibe a sí misma y a su capacidad para formar y mantener relaciones significativas. Por lo tanto, el tratamiento del TEPT-C tiende a ser más extenso y prolongado.

¿Cómo sé si tengo TEPT o TEPT-C?

TEPT: El TEPT suele desarrollarse tras un único acontecimiento traumático o una corta serie de acontecimientos traumáticos. Algunos de sus signos son

Sueños o recuerdos frecuentes de la tragedia.

Evitación de cualquier cosa que traiga a colación el trauma.

Aumento de las reacciones de excitación, como mayor irritabilidad o dificultad para conciliar el sueño.

Cambios negativos en las emociones o actitudes, especialmente los relacionados con el acontecimiento traumático.

El TEPT-C, por su parte, suele ser consecuencia de traumas prolongados y recurrentes. Puede asociarse a síntomas similares a los del TEPT, así como a

Dificultad para controlar las emociones.

Una visión persistentemente desfavorable de uno mismo.

Relaciones perturbadas con los demás.

Sentirse aislado de uno mismo o de la realidad, o disociación.

No se recomienda el autodiagnóstico porque puede conducir a diagnósticos y tratamientos inexactos. La evaluación por un profesional de la salud mental, como un psicólogo o un psiquiatra, es esencial. Ellos realizarán una evaluación completa, que puede incluir entrevistas y cuestionarios estandarizados, para determinar el diagnóstico correcto.

TEPT y narcisismo

El CPTSD y el narcisismo tienen una relación complicada que puede exacerbar los efectos de las experiencias traumáticas de la infancia. Un niño con padres narcisistas tiene un ciclo de por vida de abuso emocional, manipulación y control. Esto por sí solo puede causar cicatrices duraderas. El escenario se vuelve mucho más problemático cuando se mezcla con el TEPT-C, un trastorno caracterizado por los efectos persistentes de un trauma grave.

El adolescente puede tener sentimientos persistentes de rechazo e inadecuación en esta situación, lo que puede conducir a problemas a largo plazo con las relaciones y la autoestima. Pueden interiorizar el rechazo, exhibir sus propios rasgos narcisistas y pensar muy bien de sí mismos, lo que puede dar lugar a estas manifestaciones. También pueden actuar de forma similar al progenitor narcisista, como manipular, degradar y aislar. Esto contribuye a perpetuar un ciclo abusivo al que puede ser difícil poner fin.

Alternativamente, el niño puede llevar el trauma no resuelto en la edad adulta, perjudicando su capacidad para formar vínculos sanos y participar en interacciones estables y afectuosas con los demás. Los hábitos establecidos de un padre narcisista combinados con un trauma no resuelto pueden crear patrones disfuncionales que duran toda la vida.+.

Debido a que el TEPT y el narcisismo están entrelazados, el tratamiento de uno sin abordar el otro puede ser parcial o infructuoso. Los individuos pueden ir más allá de su pasado y crear formas más sanas y mejores de relacionarse consigo mismos y con los demás a través de un tratamiento integral que reconozca y aborde ambas facetas.

Capítulo 7: Vínculo traumático

Un tipo de vínculo especialmente pernicioso que puede desarrollarse entre un maltratador y su víctima es el vínculo traumático. Las relaciones traumáticas se caracterizan por la violencia, la manipulación y el terror, en contraposición a los vínculos saludables basados en el respeto mutuo, la confianza y la empatía.

En una relación traumática, el agresor utiliza diversas estrategias para hacer que la víctima se sienta completamente dependiente de él. Esto puede incluir alternar entre el afecto y la hostilidad, alabar la conformidad y menospreciar la oposición. Estas pautas de comportamiento tienen el potencial de crear fuertes vínculos emocionales entre la víctima y el agresor a lo largo del tiempo, incluso mientras la víctima soporta el maltrato.

Los fundamentos psicológicos del vínculo traumático son complejos y se derivan de las necesidades humanas básicas de seguridad y apego. Cuando un cónyuge maltratador manipula estos deseos, el resultado puede ser un vínculo que parece casi imposible de romper. La víctima puede ser consciente a nivel racional de que el vínculo no es sano, pero puede sentirse emocionalmente impotente para ponerle fin.

El abuso físico o sexual puede exacerbar un vínculo traumático, pero no es un requisito. Un vínculo traumático puede desarrollarse sólo como resultado del abuso emocional y psicológico, especialmente si el agresor es hábil explotando las vulnerabilidades de la víctima. Esto hace que identificar y romper un vínculo traumático sea extremadamente difícil, especialmente sin ayuda experta.

Especialmente en una relación narcisista, las etapas del apego después de un trauma pueden ser complicadas e impactantes. A menudo siguen un patrón particular que se repite y empeora con el tiempo. Repasaremos estas etapas con más detalle.

Bombardeo amoroso (Love bombing): Los narcisistas suelen utilizar la técnica manipuladora del "bombardeo de amor" en las primeras etapas de una relación. Se trata de una efusión repentina e intensa de amor y admiración. El abusador puede hacer declaraciones apresuradas de intenso amor y devoción, a menudo antes de que sea apropiado para la situación. Pueden hacer demostraciones románticas extravagantes, como cenas copiosas, regalos caros o declaraciones externas de amor.

A través de mensajes, llamadas telefónicas y redes sociales, el agresor puede estar en contacto frecuente con la víctima durante esta etapa, enfatizando su amor y deseo de permanecer cerca. La víctima y el narcisista pueden compartir gustos, puntos de vista y moral similares, dando la impresión de que son "almas gemelas" o que están hechos el uno para el otro. El agresor puede empezar a distanciar suavemente a la víctima de sus amigos y familiares creando un mundo en el que sólo importa su amor. Al hacerlo, puede transmitir la idea de que sólo ellos pueden amar y comprender a la víctima como lo hacen ellos. También puede inundar a la víctima con promesas apresuradas de un futuro juntos exitoso, con matrimonio, hijos y otras decisiones importantes en la vida.

El verdadero objetivo del bombardeo amoroso es crear un fuerte vínculo emocional y dependencia. Es un tipo de abuso y control diseñado para preparar a la víctima para más abuso y control en el futuro. El abusador prepara a la víctima para las etapas posteriores de devaluación y rechazo haciéndola sentir especial y diferente.

En resumen, el bombardeo amoroso no es un acto de devoción sincera, sino un intento deliberado del narcisista de hacerse con el control de la víctima. Aunque al principio puede parecer emocionante y romántico, es importante ser consciente de las señales de alarma. Es fundamental reconocer que este comportamiento puede ser parte de un ciclo más amplio de abuso, y buscar la ayuda de profesionales de la salud mental y el apoyo de los seres queridos puede ser clave para navegar en circunstancias tan difíciles.

Devaluación: El siguiente paso en una relación controladora y abusiva es la devaluación, que a menudo sigue a la etapa de bombardeo amoroso. Se caracteriza por un rápido cambio en la actitud y el comportamiento del maltratador, que sustituye los elogios y la ternura por la crítica, la humillación y el abandono emocional.

Durante la fase de devaluación, el agresor puede empezar a señalar los defectos y debilidades de la víctima, a la que antes admiraba o incluso apoyaba. Los comentarios pueden ir dirigidos a la apariencia, inteligencia, intereses u otras características personales de la víctima y a menudo son inapropiados y contradictorios. La víctima puede experimentar sentimientos de confusión, miedo e incertidumbre sobre lo que ha hecho mal.

La luz de gas es un tipo de manipulación psicológica en la que el agresor niega o distorsiona la realidad para que la víctima se cuestione sus propios pensamientos y sentimientos. El narcisista puede menospreciar los logros de la víctima, compararla negativamente con otras personas o incluso hacerla sentir culpable de las cosas buenas de su vida.

El maltratador puede volverse repentinamente distante e inalcanzable durante este tiempo debido al retraimiento emocional. La fría indiferencia ha sustituido a la emoción, la concentración y la comunicación que tanto abundaban durante el periodo de bombardeo amoroso. La víctima puede encontrarse caminando con cautela mientras intenta desesperadamente recuperar el amor y la admiración del maltratador.

La fase de devaluación cumple varios objetivos para el maltratador. Socava el sentido de valía y autoestima de la víctima, haciéndola más abierta a nuevas persuasiones. Mantiene a la víctima en la relación creando un ciclo venenoso de intentar ganarse al maltratador y volver a los "buenos tiempos" de la fase de bombardeo amoroso. Por último, establece la autoridad del maltratador, reafirmando tanto su dominio como la dependencia de la víctima respecto a él.

La salud mental y emocional de la víctima puede resentirse mucho durante la fase de devaluación, lo que se traduce en ansiedad, tristeza y pérdida de identidad propia.

Fase de descarte: Una relación con un narcisista es particularmente desagradable y difícil durante la fase de descarte. Después de las fases de devaluación y bombardeo de amor, el abusador continúa descartando a la víctima al decidir que la víctima ya no es valiosa para el abusador.

El maltratador puede poner fin a la relación rápidamente durante la fase de descarte sin dar una razón ni mostrar preocupación por los sentimientos de la víctima. La víctima puede experimentar esto repentinamente, dejándola confundida, herida e indefensa. En otros casos, el narcisista puede hacer todo lo posible para asegurarse de que la víctima experimente el mayor dolor y humillación durante la ruptura. Puede hacer alarde de su nueva relación, publicar información falsa o maliciosa sobre la víctima, o borrarla por completo cortando todos los lazos con ella sin previo aviso.

La relación no siempre termina después de la fase de dumping. Después de algún tiempo ha pasado, el narcisista a menudo volver a la víctima en un intento de reanudar el ciclo de abuso a través de bombardeo de amor. Esto puede conducir a un ciclo dañino de abuso en el que la víctima es frecuentemente devuelta a la red del abusador, devaluada y descartada.

El fuerte contraste entre la muestra inicial de amor y adoración durante la fase de bombardeo amoroso y el posterior rechazo frío y deliberado es lo que hace que la fase de descarte sea tan traumática. La víctima, que antes era tenida en alta estima y colmada de amor, ahora es vista como despreciable y desechable. Puede ser realmente aterrador ser testigo de lo rápido que un narcisista puede pasar del amor incondicional a la indiferencia total.

La salud mental y psicológica de la víctima suele arrastrar las heridas de la fase de dumping durante el resto de su vida. Los sentimientos de rechazo, abandono y traición pueden dificultar el establecimiento de relaciones de confianza en el futuro y provocar ansiedad y tristeza. Quienes superan esta fase pueden experimentar una baja autoestima y una sensación de pérdida que se extiende más allá de la ruptura de una relación romántica.

Hoovering: Técnica manipuladora utilizada a menudo por los narcisistas que suele producirse después de la fase de abandono de una relación. Toma su nombre de la conocida aspiradora y alude a los esfuerzos del maltratador por "succionar" a la víctima de vuelta al matrimonio.

Para la víctima, la fase de vacío puede ser extremadamente confusa y dañina. Puede llegar justo cuando está empezando a recuperarse del dolor de haber sido rechazada, o puede llegar después de haber hecho progresos sustanciales para seguir adelante. El maltratador puede utilizar diversas estrategias, como recordatorios emocionales, elevadas promesas de transformación o incluso amenazas e intimidación, para volver a relacionarse con la víctima.

Capítulo 8: ¿Debo cortar los lazos con mi madre narcisista?

La decisión de romper el contacto con una madre narcisista no puede tomarse a la ligera o sin repercusiones emocionales significativas. La relación madre-hijo que ha sido nutrida, amada y comprendida durante años es considerada sacrosanta por muchos. Pero, ¿y si esa relación se ha visto empañada por el abuso, el control y la manipulación? ¿Y si la persona que te dio la vida resulta ser la causa de un sufrimiento y una inseguridad continuos?

Nuestra comprensión actual de la salud mental refleja el pasado en muchos aspectos. Se ha revelado un conjunto de problemas más profundos y generalizados en comportamientos que antes se tachaban de excentricidades o peculiaridades. Estas acciones pueden sustituir el amor y la confianza naturales que deberían existir entre padres e hijos en presencia de una madre narcisista por miedo, preocupación e incertidumbre.

Verse obligado a enfrentarse a la cruda verdad de un apego dañado o tóxico puede ser una lucha solitaria en una cultura que a menudo idealiza la relación madre-hijo. Es un viaje difícil, pero para quienes tienen el valor de emprenderlo, también conduce a la libertad.

Si decides cortar lazos con tu madre narcisista, hay algunos puntos clave que debes tener en cuenta.

1. Reconocimiento de su narrativa

Las madres narcisistas son expertas en tejer una red de complicadas historias y acusaciones que te pintan de forma negativa o incluso malvada. Esta narrativa se cuenta a menudo delante de otros miembros de la familia y puede incluir relatos exagerados o completamente falsos de tus acciones. Como parte de una estrategia conocida como triangulación, la madre narcisista enfrenta a sus hijos entre sí en un intento de desprestigiarte.

El primer paso hacia la emancipación es reconocer la manipulación de la que forman parte estas historias. Debes responsabilizarte de la historia, no de tus insuficiencias.

Intentar refutar o enfrentarse a estas afirmaciones a menudo sólo sirve para avivar las llamas. Decidir dejarlo ir significa reconocer que no necesitas convencer a los demás de tu valía o inocencia.

2. Negarse a dejarse influenciar por su mentalidad de víctima.

El victimismo es una característica de las madres narcisistas, y a menudo se presentan como tales a costa tuya.

Comprender la estrategia que utilizan para controlar a los que les rodean puede ayudarte a ver a través del chantaje emocional. Reconoce la estrategia.

Es fácil quedar atrapado en su drama y sentirse culpable o responsable de su dolor. Establecer límites emocionales te permite comprender que no eres responsable de sus sentimientos.

La mentalidad de víctima a menudo intenta hacerte sentir culpable de su dolor. Evite caer en esta trampa. Esta toma de conciencia puede permitirte tomar decisiones y mantenerte firme en ellas sin dejarte influir por un sentimiento de culpa excesivo.

3. Cambiando el foco de tu madre narcisista a ti mismo.

Mereces sentirte bien y tener tus necesidades cubiertas tanto como cualquier otra persona. Es más fácil tomar decisiones que te sirvan cuando las pones en primer lugar.

Los hijos de padres narcisistas suelen convertirse en personas complacientes que siempre anteponen las necesidades de los demás. Aunque pueda parecer extraño al principio, centrarte en tu punto de vista significa aprender a ponerte tú primero.

Cuidar de tu salud física, emocional y mental no es egoísta; es necesario. El autocuidado es esencial para recuperarse de los efectos de una relación narcisista.

Crear distancia física

La separación física es algo más que una simple cuestión de distancia; es una acción consciente que puede utilizarse para alejarse de la influencia dañina de alguien, tanto de forma simbólica como práctica. En algunas circunstancias, esto puede incluir mudarse físicamente a un lugar diferente para dificultar que la persona te encuentre. También puede incluir tomar decisiones conscientes sobre dónde y con qué frecuencia contactas con esa persona.

Crear una barrera física no es algo que deba hacerse a la ligera. Debes analizar detenidamente cómo afecta la otra persona a tu vida diaria y cuál es la mejor manera de separarte de ella. Este proceso puede implicar no solo un cambio de ubicación física, sino también un cambio en la dinámica social y las relaciones familiares, por lo que es importante considerar también los costes emocionales.

Puede ser beneficioso hablar con un profesional de la salud mental a la hora de plantearse el alejamiento físico. Puede ayudarle a determinar si es necesario y a planificarlo y llevarlo a cabo de forma que favorezca su bienestar general. Esto puede incluir encontrar la manera de explicar tu decisión a la persona y a otros que puedan verse afectados, y hacer frente a cualquier secuela emocional.

La distancia física puede resultar difícil, ya que los demás pueden percibirla como excesiva o incómoda. Es importante comprender que esta acción tiene por objeto proteger tus propios intereses y que tienes derecho a anteponer tu bienestar mental y emocional. Puede ser útil explicar tus motivaciones a las personas que deberían saberlo y conseguir la ayuda de amigos u otros familiares que puedan sentirse identificados.

Controlar el método y la frecuencia de la comunicación

Otra estrategia consiste en controlar el método y la frecuencia de la comunicación. Por ejemplo, puedes optar por limitar la comunicación a correos electrónicos o mensajes de texto en lugar de llamadas telefónicas, o visitar a tu madre sólo en lugares públicos donde su comportamiento pueda ser más comedido. Reducir gradualmente la frecuencia de los contactos también puede ayudar a que la transición sea más suave y a que tu madre y tú tengáis más tiempo para adaptaros a la nueva dinámica de vuestra relación.

Crear distancia emocional

Se necesita una considerable conciencia de uno mismo, esfuerzo y quizás ayuda externa para crear con éxito una distancia emocional con una madre narcisista o con cualquier otra relación tóxica. Poner distancia entre tú y la otra persona implica algo más que crear una barrera física; también implica un complejo proceso mental.

Fundamentalmente, crear distancia emocional es una decisión de cortar tus lazos afectivos con otra persona. Es una elección que surge de reconocer que la conexión no es saludable y que necesitas protegerte emocionalmente.

Saber que la conexión no es saludable y que seguir interactuando con la persona está teniendo efectos negativos suele marcar el inicio de esta desconexión emocional. Puede producirse tras un incidente concreto o desarrollarse gradualmente con el paso del tiempo y la identificación de un patrón de comportamiento tóxico.

El verdadero trabajo comienza una vez tomada la decisión. Establecer y mantener unos límites claros es la definición de la distancia emocional. Puede implicar establecer estos límites abiertamente ante los demás, o simplemente asumir un compromiso personal con uno mismo. Decir "no" a las solicitudes o invitaciones es importante, pero también lo es rechazar las profundas respuestas emocionales que suscitan.

Este proceso puede ser bastante difícil. Las relaciones emocionales profundamente arraigadas pueden parecer casi imposibles de romper. La distancia puede parecer inapropiada o fuera de lugar por vergüenza, miedo o incluso por un falso sentido del deber. En otros casos, puede ser necesario un tratamiento profesional para trabajar estos sentimientos difíciles y desarrollar mecanismos de afrontamiento para mantener la distancia.

Crear un nuevo entorno emocional para uno mismo es otro requisito para crear distancia emocional. Se trata de aprender a valorarse, respetarse y cuidarse. Puede significar dedicarse a nuevos intereses, entablar nuevas relaciones o invertir en su propio desarrollo. Hacer sitio para algo nuevo y sano es tan importante como deshacerse de algo.

Es importante comprender que crear distancia emocional es un proceso continuo. Es un compromiso continuo, no un acto puntual. Si la otra persona quiere volver a conectar, o si resurgen viejos sentimientos, puede requerir una atención continua. En momentos de estrés o debilidad, puede haber un fuerte impulso de volver a comportamientos anteriores.

Creer en uno mismo

Quizás uno de los componentes más importantes para dejar a una persona narcisista o tóxica en tu vida es creer en ti mismo. Esta confianza no es sólo una idea abstracta; es una creencia fuerte y profundamente arraigada que debe ser apoyada y mantenida durante todo el proceso.

Confiar en tu criterio es esencial para tener confianza. Has llegado a esta conclusión porque has observado un patrón de comportamiento o una serie de actividades concretas. Tus razones son auténticas, ya se trate de abuso, manipulación o simplemente de una influencia tóxica. No tienes que defenderlas ante nadie, porque son tus razones.

Reconocer tu valor es otro aspecto de tener confianza en ti mismo. Lo eliges porque valoras quién eres, tus aspiraciones y tu bienestar. Estás dispuesto a tomar las medidas necesarias para que te traten con el respeto y la amabilidad que mereces. Esto requiere la afirmación de tu valor como persona y el compromiso de tratarte con el respeto y el cuidado que mereces.

Esta confianza en uno mismo puede verse cuestionada, sobre todo si la persona a la que cortas intenta desacreditarte o si otros no están de acuerdo con tu decisión. Aquí es donde la fe es tan importante. Debes estar seguro de las razones por las que esta elección es importante y apropiada para ti. Aunque sea un reto, tienes que creer en ti mismo.

Reconocer tu fuerza para sacar las cosas adelante es otro aspecto de creer en ti mismo. La separación puede ser un proceso muy doloroso y difícil. Puede requerir importantes ajustes en tu vida y enfrentarte a realidades inquietantes sobre ti mismo y los demás. Pero si crees en tu capacidad para salir adelante, encontrarás la fuerza que necesitas.

También debes tener fe en tu capacidad para recuperarte y seguir adelante. Cortar los lazos es algo más que decir adiós; es también hacer sitio para algo nuevo. Debes tener fe en tu capacidad para crear una vida que satisfaga tus ideales, aspiraciones y necesidades. Debes tener fe en tu capacidad para evolucionar, adaptarte y traer la felicidad a tu propia vida.

La confianza en uno mismo no es un tópico ni una noción vaga. Es un paso poderoso, tangible y crucial en el proceso de romper los lazos con una persona tóxica. Implica confiar en tu juicio, afirmar tu valía, ganar coraje y aceptar tu capacidad de crecer y evolucionar. Es un viaje muy personal y a veces difícil que tiene la capacidad de producir una curación y una transformación significativas. Todo depende de tu capacidad para creer en ti mismo. Sin ella, el proceso puede convertirse en todo un reto. Con ella, tendrás los cimientos de tu nuevo comienzo.

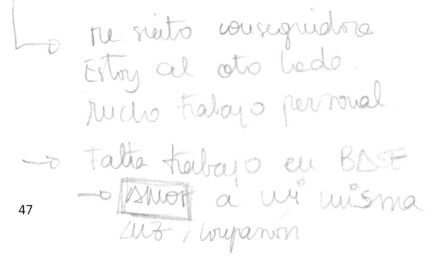

Ten en cuenta que afrontar y recuperarse de los efectos de tener una madre narcisista es un proceso complejo y profundamente personal que varía mucho de una persona a otra. Puede ser necesario modificar este marco de acuerdo con las características específicas de la experiencia y el proceso de recuperación de cada persona. Se recomienda encarecidamente la ayuda de un profesional de la salud mental. Comprender el abuso emocional es un primer paso importante en la recuperación.

Es importante comprender que el comportamiento narcisista es, ante todo, un síntoma de un problema de personalidad. Al ver el comportamiento como un patrón y no como un ataque personal directo, este conocimiento ayuda a despersonalizar el comportamiento. Puede proporcionar un marco para analizar los comportamientos y las respuestas, ayudando a hacerlos de alguna manera predecibles y controlables.

La grandiosidad, la manipulación, la falta de empatía y la necesidad de adulación constante son sólo algunos de los rasgos que caracterizan a los narcisistas. Mediante la identificación de estos rasgos, usted puede comenzar a entender los procesos subyacentes que impulsan su comportamiento y separar la enfermedad del individuo.

Los acontecimientos de la vida temprana, como el abandono, la adulación excesiva o las exigencias irrazonables de los padres o cuidadores, a menudo pueden estar relacionados con el desarrollo del trastorno narcisista de la personalidad. Aunque esto no justifica el comportamiento abusivo, ser consciente de las causas subyacentes puede ayudarle a desarrollar la empatía al tiempo que le proporciona perspectiva.

No tienes que excusar o justificar las acciones de un padre narcisista sólo porque las comprendas. Mantener la autocompasión es esencial. Usted necesita entender que usted no tiene la culpa de su comportamiento y que sus pensamientos y reacciones son legítimas. La compasión por ti mismo y la empatía por el narcisista deben equilibrarse cuidadosamente como parte del proceso de curación.

Capítulo 9: Las mejores terapias para quienes crecieron con una madre narcisista

Emprender el camino de la curación es un proceso increíblemente personal y único. Es un camino que te aleja del dolor y la confusión de las relaciones tóxicas y te lleva hacia el autoconocimiento, la compasión y la recuperación. Al embarcarte en este viaje, es posible que te enfrentes a preguntas, miedos e incertidumbres. ¿Qué aspecto tiene para ti la curación? ¿Cómo puedes calmarte y encontrar la paz interior? ¿Qué cuestiones pendientes necesitas abordar?

En este capítulo, exploraremos las diversas facetas del proceso de curación, reconociendo que el viaje de cada persona es diferente. No se trata de lo rápido que puedas "superarlo", sino más bien de cómo puedes comprenderte y cuidarte de verdad a medida que superas las cicatrices que te han dejado las relaciones dañinas. Este proceso puede estar profundamente entrelazado con tus experiencias pasadas, especialmente con las de cuidadores significativos que no te apoyaron como deberían haberlo hecho.

De hecho, la curación va mucho más allá de simplemente enfrentarse o desafiar a quienes nos han hecho daño. Requiere un examen exhaustivo y a menudo desafiante de uno mismo, el compromiso de comprender las causas de la aparición de determinados pensamientos y sentimientos, y la voluntad de liberarse de los patrones que ya no nos sirven.

Pero, ¿cómo poner en práctica estas ideas? ¿Cómo encontrar el equilibrio entre defender nuestros derechos y evitar ceder a la ira o al resentimiento? ¿Cómo perdonar sin olvidar? ¿Cómo respetar nuestro pasado sin atarnos a él?

El camino hacia la recuperación no es prescriptivo ni lineal. Es un camino difícil lleno de giros inesperados, altibajos, victorias y fracasos. Sin embargo, en el centro de este viaje se encuentra el acto fundamental del amor propio, el autodescubrimiento y el autoempoderamiento. Al elegir este camino, estás cultivando una forma de vida más rica, más reflexiva y más conectada, además de buscar la curación de heridas específicas.

Tu confianza en un futuro mejor y tu fuerza interior quedan demostradas por tu voluntad de emprender este camino de curación. Sin embargo, es absolutamente necesario darse cuenta de que sanar no significa olvidar el pasado. Las experiencias de tu pasado, tanto las dolorosas como las valiosas, conforman en última instancia quién eres hoy. Pero no tienes que dejar que definan quién eres.

Es posible que la curación requiera trabajar con un profesional de la salud mental que pueda guiarte a través de estos complicados sentimientos y ayudarte a identificar y liberarte de patrones y comportamientos que te han frenado. En este viaje, herramientas como la terapia, los grupos de apoyo y las prácticas de bienestar personal pueden ser de un valor incalculable.

Además, construir una red de apoyo de amigos y familiares que comprendan y respeten el camino que estás recorriendo puede ser de gran ayuda. Sitúate en entornos que favorezcan el crecimiento personal, el amor y la comprensión de los demás.

Recuerda que está bien pedir ayuda y que está bien darte el tiempo que necesitas para curarte. Aunque haya muchos obstáculos que superar en el camino, considera cada paso adelante como una victoria. Celebra estas victorias, por insignificantes que parezcan, y sigue trabajando para desarrollar el amor propio y la compasión.

Reconoce el pasado, pero no vivas en él.

Tratar con una madre narcisista puede ser una experiencia angustiosa que deja profundas cicatrices emocionales. Estas heridas a menudo se convierten en una parte permanente de la psique del individuo y tienen el potencial de afectar significativamente la vida cotidiana, las relaciones y la autopercepción. Sin embargo, por difícil que sea, es importante reconocer que aferrarse al pasado puede impedir el proceso de curación y crecimiento.

La relación con tu madre narcisista te dejó una herida profunda que llevas contigo. Es posible que ella fuera incapaz de darte el amor, el apoyo y la validación que necesitabas, lo que provocó sentimientos de rechazo, confusión e inadecuación por tu parte. Esta herida no es sólo un dolor momentáneo; es un trauma emocional persistente que tiene el potencial de aflorar de muchas formas diferentes a lo largo de tu vida.

Es importante que reconozca el dolor, admita su existencia y comprenda el impacto que ha tenido en su vida. Explorar estas heridas a través de la terapia y el asesoramiento profesional puede allanar el camino hacia el proceso de curación. Sin embargo, si tienes el hábito de pensar constantemente en el pasado, reviviendo recuerdos dolorosos y permitiendo que dominen tu presente, esto puede conducir a un ciclo de amargura, resentimiento y estancamiento en tu vida.

Seguir adelante

Seguir adelante no significa olvidar o minimizar el sufrimiento pasado. Significa hacer un esfuerzo activo para curarte a ti mismo, aceptando el amor propio, estableciendo límites y centrándote en lo que puedes controlar aquí y ahora. Dejar ir las cosas que no puedes controlar y sustituir los hábitos poco saludables por otros nuevos y positivos son las claves del éxito.

Iniciar el camino de la curación

Este capítulo es quizá la parte más importante de todo el libro, porque trata del difícil y a veces doloroso proceso de llegar a un acuerdo con uno mismo y encontrar la curación. Es posible que el título de este capítulo, "Las mejores terapias para quienes crecieron con una madre narcisista", toque la fibra sensible de un gran número de lectores; sin embargo, el núcleo del capítulo es donde radica la verdadera importancia. El hecho de haber tenido una madre narcisista durante la infancia puede dejar cicatrices complicadas, profundas y difíciles de curar. Estas cicatrices pueden seguirnos el resto de nuestras vidas, ensombreciendo nuestras relaciones, nuestro sentido de quiénes somos y nuestra capacidad de confiar.

Este capítulo no es sólo un manual de tratamiento; es un rayo de luz, una guía para llegar a un lugar de comprensión, compasión y amor por uno mismo. Es porque la práctica del autocuidado es más que una idea abstracta o una palabra de moda que ocupa un lugar tan importante en este libro. Es una etapa esencial en el proceso de curación, especialmente cuando se recupera de los efectos significativos de una conexión con una madre narcisista.

Reconocer la necesidad de cuidar de uno mismo como parte del proceso de curación es la piedra angular sobre la que se construye todo lo demás que aquí se trata. Se trata de reconocer tu valía, llegar al fondo de tu sufrimiento y embarcarte en un viaje para convertirte en una versión mejor, más compasiva y más sana de ti mismo. En consecuencia, el análisis de este capítulo no se limita a la terapia en el sentido clínico, sino que se centra en la terapia en el sentido de alimentar la mente, el espíritu y el cuerpo.

Aunque pueda estar plagado de dificultades y obstáculos, tu pasado no tiene por qué dictar el curso de tu futuro. A medida que profundizamos en este importante capítulo, es importante tener en cuenta que centrarse en el autocuidado no es sólo una recomendación, sino más bien un componente esencial del proceso de curación.

En las páginas que siguen, no entraremos de lleno en los tratamientos en sí, sino que nos tomaremos el tiempo necesario para explorar en profundidad por qué el autocuidado es tan importante y cómo su comprensión puede conducir a un camino de recuperación tan individual como su propia experiencia. Tu viaje comienza aquí, con el reconocimiento de que te has ganado el derecho a curarte, a crecer y a prosperar.

Busque ayuda profesional

Una madre narcisista puede ser difícil, confuso y emocionalmente agotador para vivir o tratar. Establecer límites, comprender el comportamiento y recuperarse de traumas pasados suelen ser tareas difíciles que requieren algo más que introspección y esfuerzo personal. Para superar con éxito estos problemas, la ayuda profesional en salud mental puede proporcionar los recursos, la comprensión y la atmósfera de seguridad necesarios.

No muchos terapeutas han tratado el narcisismo o las dificultades únicas que presenta. Es importante encontrar un terapeuta que tenga experiencia con el trastorno narcisista de la personalidad o que haya ayudado a otras personas en circunstancias similares a buscar ayuda profesional. Para encontrar un terapeuta con el que te sientas cómodo y comprendido, puedes preguntarle sobre su experiencia, sus métodos y su filosofía.

El tratamiento individual con un profesional de la salud mental puede proporcionarte atención especializada y apoyo adaptado a tus circunstancias particulares. Esto puede incluir ayudarte a comprender las acciones de tu madre, trabajar contigo para desarrollar técnicas de comunicación eficaces y ofrecerte apoyo mientras te recuperas de las cicatrices emocionales. El objetivo es proporcionarte el conocimiento y las habilidades necesarias para manejar tu relación con tu madre narcisista con mayor destreza.

El apoyo y los conocimientos de otras personas que se han enfrentado a dificultades similares suelen ser muy útiles. Las sesiones de terapia de grupo facilitadas por un profesional cualificado pueden proporcionar un entorno de apoyo. Compartir sus experiencias con otras personas que han pasado por cosas similares puede hacerle sentir validado y proporcionarle nuevas perspectivas que pueden ayudarle en su curación.

En ciertas situaciones, puede ser posible involucrar a la madre narcisista en el tratamiento, especialmente si ella entiende la necesidad de cambio y está dispuesta a participar. El asesoramiento familiar puede proporcionar una atmósfera controlada para tratar los problemas, establecer límites e intentar crear una dinámica mejor. Sin

54

embargo, esta estrategia no es apropiada en todas las circunstancias, por lo que debe explorarse cuidadosamente bajo la orientación de un profesional cualificado.

A menudo lleva tiempo recuperarse de los efectos de una madre narcisista y aprender a negociar mejor la relación. Las sesiones regulares de terapia pueden proporcionar apoyo continuo para que puedas seguir mejorando tus métodos, afrontar nuevas dificultades y crecer personalmente.

No es un signo de debilidad o fracaso buscar ayuda profesional; más bien, es un paso proactivo y poderoso hacia la comprensión, la curación y el crecimiento personal. El conocimiento, las habilidades y el apoyo necesarios para navegar por la complicada dinámica de una relación con una madre narcisista se pueden obtener de profesionales capacitados en el tratamiento de la conducta narcisista.

Ya sea mediante terapia individual, terapia de grupo, terapia familiar o una combinación de ellas, la ayuda profesional puede encaminarle hacia una conexión más fuerte con su madre, con los demás y, lo que es más importante, con usted mismo. Tener a un profesional cualificado a tu lado puede hacer que el difícil pero necesario y satisfactorio proceso de recuperación sea más manejable y único para ti.

El valor de la terapia

Vivir con una madre narcisista puede ser difícil y alienante. A veces, los amigos y la familia no comprenden del todo las circunstancias ni el desgaste emocional que supone. De ahí la importancia del tratamiento. Es posible discutir la experiencia libremente, honestamente y sin juicio con un profesional de la salud mental que se especializa en el abuso emocional o trauma.

Un terapeuta puede crear un entorno seguro y de apoyo para ayudarle a explorar sus sentimientos, identificar patrones de abuso y procesar emociones difíciles. Puede ser liberador poder expresarse libremente en este entorno sin miedo a ser juzgado o ridiculizado.

La terapia implica comprender y procesar los problemas, no sólo hablar de ellos. Los terapeutas están cualificados y capacitados para ayudarte a resolver las complejidades de una relación narcisista, para ayudarte a comprender qué ocurrió, por qué ocurrió y cómo te afectó. Avanzar y sanar dependen de esta toma de conciencia.

Trabajar con el terapeuta para crear mecanismos de afrontamiento para hacer frente a la carga emocional del abuso narcisista es una parte importante del tratamiento. Estos pueden incluir técnicas para controlar la ansiedad, la angustia, la ira u otras respuestas emocionales. Usted puede aprender a manejar sus reacciones, desarrollar resiliencia, y recuperar el control sobre su vida emocional mediante el trabajo en estas habilidades en la terapia.

El abuso emocional de una madre narcisista puede causar sufrimiento de por vida. La terapia especializada, como la terapia informada por el trauma, puede ser necesaria para abordar y curar estas heridas. La terapia informada por el trauma tiene en cuenta las formas únicas en que el trauma afecta a una persona y proporciona una terapia que satisface esas necesidades únicas.

El camino de cada persona hacia la recuperación de una madre narcisista es diferente, como lo es su experiencia con una. Sus antecedentes, necesidades, deseos y personalidad se tienen en cuenta como un terapeuta calificado adapta el tratamiento a sus circunstancias únicas. Este enfoque individualizado asegura que el tratamiento aborda las cuestiones que son más importantes y beneficiosos para usted.

La decisión de acudir a terapia es increíblemente personal y suele ser un paso clave en el proceso de curación. Encontrar al terapeuta ideal - alguien con quien pueda identificarse y en quien pueda confiar- puede tener un impacto significativo en su capacidad para recuperarse y prosperar. Más que un lugar donde hablar, la terapia ofrece una curación personalizada a su experiencia particular, así como conocimientos, mecanismos de afrontamiento y afirmación. Es una conexión y un proceso que puede ayudarte a dejar atrás la sombra de una relación narcisista y avanzar hacia una existencia más feliz e independiente. La terapia es un paso valiente hacia la autocomprensión y el crecimiento, no un signo de debilidad. Es una herramienta esencial para superar el sufrimiento y abrazar un futuro lleno de promesas y satisfacción.

Terapia cognitivo-conductual (TCC):

La terapia cognitivo-conductual, a veces denominada simplemente TCC, es un tipo de psicoterapia que hace hincapié en la relación fundamental que existe entre las ideas, los sentimientos y las acciones. La TCC se basa en la idea de que nuestros pensamientos (cogniciones) afectan a nuestros estados de ánimo y comportamientos, y viceversa. Esta idea se basa en hechos científicos y proporciona a la TCC una base sólida. Los problemas de salud mental, como los causados por crecer con una madre narcisista, pueden deberse a una disfunción en cualquiera de estas áreas.

La premisa de que las ideas negativas o distorsionadas pueden conducir a malos sentimientos y comportamientos es uno de los principios centrales de la terapia cognitivo-conductual (TCC). Las personas pueden aprender a enfrentarse a estos patrones de pensamiento y a cambiarlos, primero tomando conciencia de ellos y, después, de las formas en que pueden ser inadecuados o contraproducentes.

Reconocer los patrones de pensamiento poco saludables: En la terapia cognitivo-conductual (TCC), el terapeuta trabaja con el cliente para identificar patrones de pensamiento poco saludables y creencias negativas específicas. Durante esta fase del proceso, se puede llevar un diario de pensamientos, participar en actividades de reflexión o utilizar otras estrategias para comprender mejor los procesos cognitivos.

Enfrentarse a las falacias cognitivas Una vez descubiertas las creencias negativas del cliente, el terapeuta le ayudará a enfrentarse a estos pensamientos cuestionándolos, buscando pruebas y localizando las falacias cognitivas. Esto puede ayudar al individuo a darse cuenta de que esas ideas probablemente no son exactas ni razonables.

Desarrollar pautas más sanas: Un paso importante para desarrollar emociones y comportamientos más sanos es sustituir las ideas poco saludables por otras más equilibradas y satisfactorias. Este es un componente interactivo y orientado a los resultados de la terapia.

Tratamientos conductuales: La terapia cognitivo-conductual (TCC) suele incluir tratamientos conductuales, como participar en actividades que proporcionen placer, aprender estrategias de relajación o practicar nuevos hábitos en un entorno seguro.

Pasar la infancia con una madre narcisista puede conducir a patrones de pensamiento desfavorables profundamente arraigados sobre uno mismo y los demás. La confusión, la duda sobre sí mismo y los sentimientos de indignidad son emociones que un niño puede experimentar como resultado de la incapacidad de su madre para empatizar, la manipulación o la necesidad incesante de adulación. La TCC puede ser un enfoque especialmente adecuado para abordar estas dificultades concretas.

Comprensión personalizada: La terapia cognitivo-conductual suele adaptarse a las circunstancias y necesidades específicas del paciente. Las relaciones adultas de una persona, su autoimagen y sus habilidades de afrontamiento pueden estar influidas por la forma en que interactuó con su madre narcisista cuando era más joven. Descubrir estas conexiones y trabajar directamente sobre ellas es mucho más fácil con la ayuda de la TCC.

Control y empoderamiento: La terapia cognitivo-conductual (TCC) capacita a las personas para tomar las riendas de su propia rehabilitación centrándose en qué aspectos de su estado mental y sus pautas de comportamiento pueden modificarse. Fomenta la autoeficacia y una mentalidad resiliente.

Enfoques basados en la evidencia La terapia cognitivo-conductual (TCC) tiene una sólida base de investigación científica, lo que contribuye a su legitimidad y eficacia. Numerosos estudios han demostrado que la TCC es útil para tratar una serie de trastornos mentales, incluidos los relacionados con relaciones traumáticas. Una de ellas es el trastorno de estrés postraumático (TEPT).

Las personas que fueron criadas por una madre narcisista pueden encontrar que la terapia cognitivo-conductual (TCC), que proporciona un enfoque sistemático y orientado a objetivos, es muy útil. Trabajando estrechamente con un terapeuta formado en esta área, los individuos son capaces de desenredar la intrincada red de ideas, sentimientos y comportamientos que han sido influenciados por este difícil acontecimiento. La TCC abre el camino hacia la curación, el progreso y una conexión sana con uno mismo y con los demás mediante el uso de la compasión, la comprensión y procedimientos basados en la investigación científica.

Debido a su enfoque sistemático y basado en la evidencia, la terapia cognitivo-conductual (TCC) se ha convertido en el tratamiento de elección para muchas personas que buscan recuperarse de los efectos de haber sido criados por una madre narcisista. Sin embargo, el éxito de esta terapia mejora en gran medida cuando se lleva a cabo bajo la dirección de profesionales capacitados que se especializan en esta área. Encontrar un terapeuta de terapia cognitivo-conductual (TCC) que esté capacitado y tenga experiencia puede proporcionar al individuo una visión especializada y un apoyo que se adapte a su condición y necesidades particulares. Los terapeutas pueden ayudar a los pacientes a identificar y superar dificultades específicas y crear un entorno propicio para la comunicación abierta y las actividades exploratorias.

Sin embargo, la terapia cognitivo-conductual no tiene por qué limitarse a la consulta del terapeuta. Existe una gran cantidad de libros de autoayuda y otros recursos centrados en la TCC. Están diseñados para las personas que quieren profundizar en el tema o que desean un enfoque más autodirigido. Estos materiales suelen simplificar las ideas básicas, los procedimientos y los ejercicios de la TCC en pasos fáciles de entender y poner en práctica. Esto da a los individuos la oportunidad de participar en la terapia a su propio ritmo y nivel de comodidad.

La TCC ofrece un camino hacia la recuperación que es a la vez emancipador y respaldado por sólidas investigaciones científicas, tanto si se sigue bajo la guía de un profesional capacitado como de forma independiente. Debido a la facilidad con la que se puede acceder a estos recursos, la ayuda siempre está al alcance de la mano, independientemente de dónde se encuentre uno en el camino. Un enfoque del tratamiento que reconozca la necesidad humana tanto de dirección como de autonomía puede crearse combinando la competencia profesional con herramientas para la autoexploración, lo que da como resultado un método que es a la vez rico y adaptable.

Sea paciente

La paciencia es una virtud que a menudo se elogia, pero que rara vez es fácil de practicar, y esto es especialmente cierto cuando se sale de una relación que ha estado marcada por el abuso narcisista. El camino hacia la recuperación de heridas tan profundas y complicadas nunca es recto, y es importante aceptar que el camino por recorrer suele ser difícil y estar lleno de altibajos.

Es posible que tu relación pasada con una persona narcisista te haya dejado desorientado, destrozado e incluso perdido. Lleva tiempo recuperar el sentido de uno mismo, la capacidad de confiar en la gente y la capacidad de conectar con los demás, y no es algo que pueda lograrse rápidamente. Es un largo camino que te llevará hasta allí, y por el camino habrá oportunidades de aprendizaje y crecimiento.

Aceptar que la recuperación lleva su tiempo es una parte esencial de la práctica de la paciencia con uno mismo. Significa reconocer que algunos días serán más difíciles que otros y que los progresos no siempre serán evidentes de inmediato. También significa aceptar que algunos días serán más fáciles que otros. Se trata de darse la gracia de sentir lo que se siente, de luchar cuando se sufre y de triunfar cuando se vence. El camino hacia la recuperación no sigue un calendario predeterminado, y eso está bien.

La capacidad de tener paciencia durante el proceso de recuperación también es muy importante. Es posible que la terapia, el cuidado de uno mismo y la reparación de las relaciones desempeñen un papel en el camino hacia la recuperación. Cada uno de estos componentes necesita tiempo para establecerse y crecer. Intentar pasar por ellos demasiado deprisa o esperar resultados rápidos puede contribuir a generar sentimientos de frustración y ralentizar el proceso de curación.

La paciencia también se aplica a las nuevas relaciones que estás formando. El desarrollo de nuevas relaciones después de experimentar el abuso a manos de un narcisista puede estar lleno de preocupación, miedo e incertidumbre. Lleva tiempo redescubrir la confianza en los demás, volver a abrirse a la vulnerabilidad y reconocer que no todo el mundo te hará daño de la misma manera que te lo hicieron a ti en el pasado. La paciencia, no sólo con los demás sino también con uno mismo, ayuda a crear las condiciones para el desarrollo de interacciones genuinas y saludables.

La paciencia puede parecer una virtud anticuada en la acelerada sociedad actual, en la que a menudo se espera una gratificación instantánea y soluciones rápidas. Sin embargo, en el contexto de la recuperación de una relación tóxica con una persona narcisista, la paciencia se convierte en una herramienta terapéutica indispensable y poderosa. Es un recordatorio amistoso de que hay que respirar hondo, ir paso a paso y reconocer que el proceso de curación es profundamente individual e irrepetible.

Cuando practicas la paciencia, no estás sentado sin hacer nada; estás interactuando activamente con tu curación, dándole el tiempo y el espacio que necesita para tomar forma. Es una promesa que te haces a ti mismo y a tu salud, una promesa que dice: "Valgo el tiempo que me lleve curarme". Ser paciente no es un signo de pasividad, sino que demuestra un enorme amor y respeto por uno mismo. Es el reconocimiento de que la verdadera curación no tiene que ser apresurada, porque tú vales cada segundo que se necesita para sanar adecuadamente de cualquier enfermedad o trauma que hayas experimentado.

Atención a los niveles de estrés

Prestar atención a tus niveles de estrés no es sólo un acto de auto-observación; más bien, es un compromiso enfocado a tu bienestar y un componente esencial del autocuidado, especialmente cuando se está sanando de una relación caracterizada por el abuso narcisista. Prestar atención a tus niveles de estrés es una parte esencial del autocuidado. En este contexto, el término "estrés" se refiere a mucho más que una sensación momentánea de presión o preocupación. Actúa como un indicador de tu estado emocional, indicando preocupaciones más profundas que pueden requerir atención y cuidado por tu parte.

Tomar conciencia es el primer paso para controlar y prestar atención a los niveles de estrés. Implica prestar atención tanto a tu cuerpo como a tus pensamientos, y ser capaz de reconocer las señales del estrés, que puede manifestarse de diversas maneras. Puede manifestarse como dolores de cabeza, músculos tensos o problemas para dormir, entre otros posibles síntomas físicos. También es posible que las señales lleguen en forma de emociones, como impaciencia, sensación de agobio o desconexión de los que te rodean. Es importante reconocer estas señales de advertencia porque, si no se controla, el estrés puede provocar problemas más graves de salud y bienestar.

También es importante comprender los orígenes de su estrés. ¿Hay algún acontecimiento concreto que haya hecho aflorar esos sentimientos? ¿Hay problemas persistentes de tu relación anterior que acaban de salir a la superficie? ¿O es la ansiedad y la imprevisibilidad asociadas al futuro? Podrás controlar mejor el estrés si eres capaz de identificar la causa, ya sea con la ayuda de un terapeuta profesional, el apoyo de tus seres queridos o tus propias habilidades personales para afrontarlo.

Al prestar atención a su estrés, es importante reconocer que es natural sentirse ansioso. Esto es especialmente cierto cuando se trata de algo tan difícil y doloroso como la curación de abuso narcisista, que puede causar una gran cantidad de estrés. No es una señal de que estás fallando o que no estás sanando lo suficientemente rápido. Reconocer que el estrés es una respuesta normal a las circunstancias difíciles puede ser útil para evitar ser demasiado crítico de las propias acciones en respuesta al estrés.

Después de tomar conciencia, el siguiente paso es actuar. Una vez que hayas averiguado cuánto estrés padeces y cuál es su causa, estarás en mejores condiciones de tomar medidas preventivas para aliviarlo. Esto puede incluir realizar actividades que te gusten, relacionarte con amigos y familiares que te apoyen, practicar técnicas de atención plena o relajación, o buscar asesoramiento profesional. La acción se adapta a lo que funciona para ti y a las circunstancias específicas en las que te encuentras.

Una sola evaluación de tu nivel de estrés no es suficiente; más bien, controlar tu nivel de estrés debe ser una práctica continua. Se trata de desarrollar una conexión con uno mismo en la que uno se controla regularmente, toma conciencia de lo que ocurre en su interior y adopta las medidas necesarias para cuidarse. Reconocer que la recuperación no es una línea recta y que el estrés, aunque es una parte necesaria del viaje, no tiene por qué definirte ni controlarte, es un acto de compasión y bondad hacia ti mismo. También es un acto de compasión y bondad hacia los demás.

Al final, ser consciente de tus niveles de estrés es un reconocimiento fundamental de que eres un ser humano, con todas las complejidades y sutilezas que ello conlleva. Se trata de abrirte los brazos a ti mismo con compasión y amor, con la certeza de que, por el mero hecho de prestar atención, estás dando un paso de gigante hacia la curación y la expansión de tus horizontes. Se trata de permitirse ser humano, sentir, estresarse y, lo que es más importante, curarse. Permítete ser humano.

Crear una red de apoyo

Lidiar con la dinámica desafiante de una relación con una madre narcisista puede ser desalentador y alienante. Debido a las características inherentes de la conducta narcisista, otras personas cercanas a usted pueden no entender completamente por lo que está pasando, y sus relaciones con familiares y amigos pueden sufrir como resultado. Construir un sistema de apoyo en esta situación es crucial para tu proceso de recuperación, no sólo porque te proporcionará empatía y aliento, sino también porque te permitirá ver más allá de los límites y limitaciones de la relación narcisista.

Tus amigos más íntimos y los miembros de tu familia pueden ser una gran fuente de apoyo. Tienen que entender tu situación y tú tienes que sentirte lo bastante seguro como para compartirla con ellos. Compartir tus experiencias y pensamientos con amigos íntimos o familiares en los que confíes puede ayudarte a sentirte validado y empático. Sin embargo, es importante entender que no todo el mundo podrá darte el apoyo que necesitas, y eso está bien. Presta atención a las personas que realmente comprenden y se preocupan por los demás.

A veces, las ideas más profundas provienen de personas que han recorrido un camino similar. Los grupos de apoyo pueden ser muy útiles para las personas que se enfrentan a familiares narcisistas. Estos grupos proporcionan un entorno seguro donde se puede hablar, escuchar, y recoger los cerebros de otros que realmente saben lo que está pasando. Los grupos de apoyo, ya sea en persona o en línea, pueden ayudar a las personas a conectarse con otras que han experimentado cosas similares y pueden proporcionar orientación, inspiración y un sentido de comunidad.

Autocuidado

El término "autocuidado" se refiere a una variedad de acciones que uno puede tomar para cuidarse y nutrirse a sí mismo. Al hacer frente a una madre narcisista, el autocuidado a menudo pasa a un segundo plano frente a las necesidades de los demás. Pero el cambio de esta atención a la auto-cuidado es fundamental para la recuperación y la prosperidad. Promueve el desarrollo, la resiliencia y el bienestar general; va más allá del simple placer. Es una parte esencial de la rehabilitación.

Ejercicio

El autocuidado físico significa cuidar el cuerpo comiendo bien, haciendo ejercicio, durmiendo lo suficiente y realizando otras actividades saludables. El bienestar físico empieza por comer alimentos sanos y equilibrados, hacer ejercicio con frecuencia, dormir lo suficiente y atender cualquier necesidad médica. Estas técnicas pueden aumentar la vitalidad, reducir el estrés y mejorar la salud en general, proporcionándote una base sólida para superar las dificultades emocionales que conlleva una relación narcisista.

Dependiendo de las necesidades, gustos y circunstancias personales, el camino hacia el autocuidado puede variar drásticamente de una persona a otra. Pero es un viaje que merece la pena emprender, porque ofrece oportunidades de crecimiento, recuperación y transformación. Toma las riendas de tu vida y allana el camino hacia un futuro de mayor satisfacción, serenidad y alegría dando prioridad a tu salud y eligiendo hábitos que nutran tu cuerpo, mente y espíritu.

Dedica tiempo a hacer cosas que te gustan

Dedicar tiempo a actividades que te aporten alegría no es sólo un pasatiempo; es una parte esencial del proceso de mejorar y aprender más sobre ti mismo. Es fácil perder de vista quiénes somos y las cosas que nos aportan una sensación de conexión y vitalidad cuando nos han hecho daño, sobre todo las personas más cercanas a nosotros. Puede que nos hayamos preocupado tanto por las exigencias y expectativas de los demás que hayamos perdido de vista nuestros propios objetivos e intereses.

Uno de los pasos más importantes para recuperar el sentido de uno mismo es redescubrir y participar en actividades que nos aporten alegría, expresión creativa y relajación. Estas aficiones, ya sea pintar, escribir, hacer senderismo, cocinar, tocar un instrumento musical o simplemente leer un libro querido, sirven para recordarnos quiénes somos aparte de nuestro sufrimiento y el papel que desempeñamos en la interconexión de nuestras vidas. Nos proporcionan un refugio seguro, un lugar donde podemos liberarnos de las críticas y las exigencias, así como de la carga de nuestra propia historia.

Participar en las actividades que nos apasionan no sólo nos proporciona un respiro, sino que también desarrolla el crecimiento personal, la confianza en uno mismo y la paz interior. Crea un bucle de retroalimentación positiva en el que la alegría conduce a la creación de más alegría, y la satisfacción conduce a la creación de más satisfacción. Estos pequeños periodos de alegría y satisfacción se convierten en nuestros compañeros en el proceso de curación, revitalizándonos y dándonos la fuerza y la claridad que necesitamos para continuar nuestro camino.

No se trata de huir de nuestros problemas o de evitar el duro trabajo de la curación; se trata de aceptar toda la gama de nuestra experiencia humana. Nuestra felicidad, la búsqueda de nuestras aficiones y nuestros esfuerzos creativos no son diversiones sin sentido, sino que son esenciales para nuestro bienestar y el núcleo mismo de lo que somos. No sólo podemos mejorar la calidad general de nuestras vidas reconociendo y cuidando estos aspectos de nosotros mismos, sino que también adquirimos una comprensión más profunda de quiénes somos y de lo que hace falta para experimentar una verdadera curación. Somos conscientes de que la opinión que los demás tienen de nosotros no define nuestra valía, sino la forma en que nos comprometemos con la vida y las decisiones que tomamos para alimentar nuestra alma.

Dormir lo suficiente

Aunque a veces se subestime, dormir lo suficiente es una parte esencial del proceso de curación, así como del mantenimiento de la salud en general. El sueño no es sólo un momento en el que nos tumbamos y no hacemos nada, sino un proceso complejo y necesario que afecta a casi todos los sistemas del cuerpo. Es imposible exagerar lo importante que es el sueño cuando estamos tratando de sanar de cicatrices emocionales, especialmente las causadas por una relación narcisista, y cuando estamos en el camino de la recuperación.

Cuando dormimos, nuestro cuerpo se repara y rejuvenece de muchas maneras. Durante este tiempo, nuestro cerebro organiza y almacena recuerdos, elimina productos de desecho y repone su suministro de energía. La calidad de nuestro sueño tiene un impacto significativo no sólo en nuestra salud física, sino también en nuestra salud mental. La incapacidad para dormir lo suficiente puede provocar cambios de humor, ansiedad y tristeza, todo lo cual dificulta el proceso de curación.

Es posible que tenga problemas para dormir en los días y semanas posteriores a una ruptura devastadora. El insomnio o el sueño no reparador pueden producirse cuando nuestros ciclos normales de sueño se ven alterados por cosas como la preocupación, el estrés y los pensamientos intrusivos. Es importante ser consciente de esta dificultad y tomar medidas preventivas para crear un entorno de sueño beneficioso.

Esto puede incluir el desarrollo de una rutina tranquilizadora antes de dormir que incluya la lectura, la meditación u otras actividades relajantes que envíen al cerebro el mensaje de que es hora de relajarse y prepararse para dormir. También se puede mejorar la calidad del sueño reduciendo el tiempo que se pasa frente a los dispositivos electrónicos, proporcionando un entorno oscuro y fresco para dormir y evitando el café o las comidas copiosas antes de acostarse.

Sin embargo, dormir lo suficiente no es sólo cuestión de la cantidad de tiempo que pasamos en la cama; la calidad del sueño es igual de importante. Es importante que respetemos los ciclos naturales de nuestro cuerpo y prestemos atención a las señales que nos indican cuándo necesitamos descansar. Es un reconocimiento de que dormir no es un lujo ni un signo de pereza, sino una parte esencial de nuestra salud y bienestar que debemos mantener.

En el contexto de la recuperación de un trauma emocional, el sueño asume el papel del autocuidado, sirviendo como un momento en el que la mente y el cuerpo tienen la oportunidad de recuperarse y renovarse. Es una inversión en nosotros mismos, en nuestro potencial para sanar, crecer y prosperar. Es un reconocimiento de que necesitamos estar en nuestro mejor momento para navegar por las complejidades de nuestras emociones, nuestras relaciones y nuestra vida cotidiana. Para ello, necesitamos darnos el regalo del descanso y el rejuvenecimiento que supone dormir lo suficiente. No basta con cerrar los ojos; debemos abrirnos al potencial del renacimiento y de un nuevo comienzo.

Conectar o reconectar con personas positivas en tu vida

Uno de los pasos más importantes en el proceso de recuperación es conectar o reconectar con las personas que te apoyan en tu vida. Estas relaciones tienen el potencial de actuar como una luz de guía, un recordatorio constante de que hay bondad, empatía y comprensión en el mundo. Si has estado en una relación con un narcisista, es posible que salgas de esa experiencia sintiéndote alienado o confuso sobre tu lugar en el mundo. La naturaleza tóxica de esa relación puede poner una barrera en tu camino, impidiéndote acercarte a las personas de tu vida que realmente se preocupan por ti. Pero el proceso de acercarse y volver a conectar con los demás es donde puede empezar la verdadera curación.

Para empezar, haz balance de las personas de tu vida que han estado a tu lado pase lo que pase y que desprenden optimismo. Pueden ser amigos, familiares, compañeros de trabajo o incluso conocidos, siempre y cuando sean personas que hayan mostrado una bondad y una compasión genuinas. Ten en cuenta que no tiene por qué ser un grupo grande para que sea beneficioso; incluso una o dos conexiones útiles pueden tener un gran impacto.

Es posible que ponerse en contacto con estas personas le resulte abrumador, sobre todo si ha habido un periodo de separación entre usted y ellas. Es posible que te sientas avergonzado o sin palabras. Es normal que te sientas así, pero recuerda que las personas que realmente se preocupan por ti estarán dispuestas a escucharte y apoyarte sin juzgar lo que tengas que decir.

Hablen de lo que les haga sentir cómodos, o simplemente pasen un rato juntos apreciando la presencia del otro. Participen en actividades que sean de interés mutuo para ambos, como compartir una afición, salir a pasear o incluso simplemente hablar tomando una taza de café.

Estas conexiones edificantes tienen el potencial de reavivar la alegría y la calidez que pueden haber sido sofocadas por experiencias adversas anteriores.

Durante el proceso de reconexión, permítete ser abierto y vulnerable, si crees que es seguro hacerlo. Estas conexiones pueden darte acceso a un entorno seguro en el que hablar de tus sentimientos, preocupaciones y esperanzas. Pueden ayudarte a reconocer tu valor y tus capacidades, y también pueden servirte de recordatorio de que eres más que las situaciones que te han causado dolor.

El desarrollo de conexiones positivas también puede conducir a la formación de nuevas asociaciones y grupos. Pueden ponerle en contacto con otras personas que comparten intereses y creencias similares. Pueden indicarle clubes sociales u organizaciones de apoyo donde establecer más contactos. Cada intercambio constructivo se basa en el anterior, dando lugar a una red de apoyo que puede animarte y motivarte.

Recuerde que el camino hacia la recuperación no tiene por qué recorrerse en solitario. Aunque la autorreflexión y el autocuidado son extremadamente importantes, son las relaciones que establecemos con los demás las que suelen añadir vitalidad y color a nuestro entorno. Abraza a las personas de tu entorno inmediato que destilan optimismo, ten fe en los objetivos que tienen para ti y permíteles que te guíen hacia un futuro lleno de esperanza y satisfacción. Cuando conectas y vuelves a conectar con estas personas, no sólo reconstruyes tu círculo social, sino también tu vida.

Comer sano

Una alimentación sana es algo más que una necesidad de nuestro cuerpo; es también un componente esencial para promover nuestro bienestar general, lo que es especialmente importante durante el proceso de recuperación. A menudo se pasa por alto la importante conexión que existe entre los alimentos que ingerimos y cómo nos hacen sentir a nivel mental y emocional.

Cuando se atraviesa una situación traumática o estresante, como la ruptura con un progenitor narcisista, los alimentos reconfortantes ricos en grasas y azúcares pueden parecer apetecibles durante un breve periodo de tiempo. Pueden proporcionar una sensación momentánea de alivio o placer. Sin embargo, estas elecciones pueden hacernos caer en un ciclo de adicción en el que utilizamos la comida como una tirita emocional a corto plazo, lo que no es un entorno propicio para la recuperación a largo plazo.

Por otro lado, una dieta equilibrada y sana proporcionará a tu cuerpo y a tu mente el combustible y los nutrientes que necesitan para recuperarse. Esto significa ser consciente de todo lo que pones en tu cuerpo y darte cuenta de que la comida es algo más que combustible; también es medicina para la mente.

Para empezar, concéntrese en los alimentos que ingiere y en cómo le hacen sentir después de comerlos. Incluye en tu dieta alimentos integrales, no procesados y ricos en nutrientes, como frutas, verduras, cereales integrales, proteínas magras y grasas saludables. Estas comidas proporcionan un suministro constante de energía y no provocan los altibajos que puede causar el consumo de alimentos ricos en azúcar o grasas.

También es importante para nuestra salud mantener unos niveles de hidratación adecuados. Consumir cantidades adecuadas de agua es beneficioso para una serie de funciones corporales, como la digestión, la circulación, la absorción de nutrientes e incluso el control de la temperatura. Un cuerpo bien hidratado rinde a su máximo nivel, lo que es beneficioso para la salud física y mental.

El acto de preparar comidas para uno mismo y su familia también puede ser relajante. Seleccionar ingredientes frescos, cortarlos, cocinarlos y disponerlos en una fuente puede ser una experiencia tan profunda como creativa. Te permite conectar con las cosas que comes, apreciar sus sabores, texturas y olores, y transformar el acto de comer en un ritual consciente y placentero.

Para mantener una dieta sana, no tiene que privarse de los alimentos que le gustan ni seguir un plan alimentario estricto. Se trata de tomar decisiones conscientes que beneficien a tu salud en general. Presta atención a lo que te dice tu cuerpo, tómate el tiempo necesario para averiguar qué necesita y préstale el cariño y la atención que se merece. Desarrolle una actitud sana hacia la comida, no la vea como un adversario sino como una compañera en su camino hacia la recuperación de la enfermedad.

Recuerda que comer más sano no es una moda, sino un compromiso con una nueva forma de vida. Se trata de cuidar de ti mismo, tanto física como emocionalmente, al tiempo que reconoces que los alimentos que comes tienen un impacto significativo en cómo ves el mundo. Tomar las riendas de tu vida, mejorar tu salud física, levantar tu estado de ánimo y darte la fuerza que necesitas para continuar tu viaje de recuperación y autodescubrimiento puede lograrse adoptando una dieta sana, que puede ser un paso importante para tomar las riendas de tu vida.

Capítulo 10: Terapias alternativas

Meditación Mindfulness

La meditación, y más concretamente la meditación de atención plena, ha sido reconocida recientemente como un método eficaz para desarrollar la conciencia, la compasión y el equilibrio emocional. Mindfulness no es sólo un nuevo término de moda, sino una práctica que consiste en prestar atención al aquí y ahora de una forma consciente y sin prejuicios. Ofrece una forma de curarse y encontrarse a sí mismo, lo que puede ser muy útil para las personas que se recuperan de circunstancias traumáticas o estresantes.

¿En qué consiste la práctica de la meditación de atención plena?

Aunque tiene su origen en antiguas prácticas budistas, la meditación de atención plena se ha hecho cada vez más popular en la cultura occidental. En su nivel más básico, la atención plena consiste en prestar toda la atención al aquí y ahora, sin tener en cuenta las ideas, los sentimientos, las sensaciones y el mundo que nos rodea.

Beneficios de la meditación consciente

- Sanación emocional: La atención plena te ayuda a afrontar las emociones difíciles con compasión y comprensión, que es uno de los beneficios de la meditación de atención plena. Al observar los acontecimientos sin reaccionar ante ellos, puedes comprender mejor los patrones que pueden haber provocado estrés o traumas.

- Reducir el estrés: Varios estudios han demostrado que la práctica de la atención plena puede ayudar a reducir el estrés al promover la relajación y una mayor sensación de control sobre los propios pensamientos y sentimientos.

- Mejora de la concentración y el enfoque: Se ha demostrado que la práctica regular de mindfulness aumenta tanto la concentración como la capacidad de centrarse en actividades específicas, lo que la convierte en un recurso útil tanto en el ámbito profesional como en el personal.

- Beneficios para las relaciones: Al cultivar la empatía y la compasión, el mindfulness aumenta la capacidad de conectar con los demás y preocuparse por ellos.

El mindfulness se ha asociado a una serie de resultados positivos para la salud física, como la reducción de la presión arterial, la mejora de la función inmunitaria e incluso el alivio del dolor crónico.

Cómo practicar la meditación mindfulness

Paso 1: Encuentra tu espacio personal.

Busca un lugar tranquilo donde no te molesten y acomódate. Lo más importante es que puedas relajarte y sentirte cómodo en ese espacio, ya sea una habitación tranquila de tu casa, un jardín o incluso un lugar concreto de un parque.

Paso 2: Decide qué puesto quieres ocupar

Puedes tumbarte, sentarte con las piernas cruzadas sobre un cojín o sentarte en una silla con los pies bien apoyados en el suelo. El truco está en mantener una postura cómoda y alerta en todo momento. Coloca las manos en un lugar cómodo, como el regazo o las rodillas, y mantén una postura erguida.

Paso 3: Centra tu atención en la respiración

Concéntrate en tu interior cerrando los ojos o manteniendo una mirada suave. Observa el movimiento del pecho o el abdomen al inhalar y exhalar, o el movimiento de la respiración al entrar y salir de las fosas nasales. Simplemente observa tu respiración en lugar de intentar regularla.

Paso 4: Prestar atención al momento de la experiencia

Al concentrarte en la respiración, es posible que percibas nuevas sensaciones, ideas o sentimientos. Reconócelos sin juzgarlos ni apegarte al resultado. Simplemente date cuenta y vuelve a centrarte en la respiración. La esencia de la atención plena reside en esta práctica de observar sin reaccionar ante lo que ves.

Paso 5: Practicar con regularidad

El desarrollo de la atención plena es similar al de cualquier otra habilidad: requiere una práctica regular. Empieza con unos minutos al día y ve aumentando gradualmente el tiempo de práctica a medida que te sientas más cómodo.

Aplicaciones de atención plena guiada

En la era de la tecnología digital, tenemos acceso a una gran variedad de herramientas útiles que pueden ayudarnos a practicar la atención plena. Hay una gran variedad de aplicaciones de meditación mindfulness guiada disponibles, cada una diseñada para satisfacer un conjunto único de necesidades e intereses.

La meditación de atención plena es una actividad profundamente beneficiosa que puede tener un impacto positivo significativo en la salud mental, emocional e incluso física. Puedes crear una conexión más fuerte con el aquí y el ahora, así como contigo mismo, siguiendo estas instrucciones y, si lo deseas, incorporando algunas prácticas guiadas a las aplicaciones de mindfulness de tu smartphone. Es una forma de vida que requiere paciencia, compasión y dedicación, pero que en última instancia conduce a una vida más tranquila y satisfactoria.

Yoga

El yoga es una práctica integral que se practica desde hace miles de años en diversas culturas de todo el mundo. Mucho más que una serie de posturas físicas, el yoga es un profundo viaje de autodescubrimiento, sanación y transformación que tiene su origen en la antigua filosofía india.

El objetivo principal del yoga es armonizar el cuerpo, la mente y el espíritu del practicante. Invita a los practicantes a explorar la compleja conexión que existe entre su yo físico exterior y los paisajes emocionales que yacen en su interior. El yoga nos anima a cultivar una conciencia más profunda del aquí y el ahora mediante actividades como la respiración concentrada, estiramientos suaves, posturas desafiantes y técnicas contemplativas.

La naturaleza acogedora del yoga es una de las muchas cualidades entrañables de esta práctica. No importa si llevas años haciendo ejercicio o si nunca has entrado en un gimnasio; hay un tipo de yoga que se adaptará a ti. Desde las exigencias físicas del Ashtanga y el Vinyasa hasta las técnicas más reparadoras y relajantes del Yin y el Hatha, el yoga puede adaptarse a las necesidades, preferencias y capacidades específicas de cada practicante.

Los beneficios del yoga son numerosos y van más allá del cuerpo físico. Aunque puede mejorar claramente la flexibilidad, la fuerza y el equilibrio, los efectos del yoga se extienden también a los ámbitos emocional y psicológico. La práctica constante puede reducir los sentimientos de estrés, preocupación y desesperación. Fomenta una sensación de calma interior y conciencia, así como una conexión con uno mismo y con los demás.

Establecer objetivos, reflexionar sobre el progreso personal y cultivar un sentido de la compasión y la empatía son componentes comunes de la práctica del yoga. Muchas personas descubren un sentido y un propósito más profundos en sus vidas como resultado de estos fundamentos espirituales.

Una de las cosas que confieren al yoga su extraordinario poder es que puede practicarse en solitario o en grupo. Tienes la opción de practicarlo solo en casa, donde puedes centrarte más en tus propios pensamientos y reflexiones, o puedes practicarlo con otras personas en un entorno de grupo, como un estudio de yoga. Es posible que el espíritu colectivo y el apoyo que existe en un entorno de clase sea bastante inspirador y energizante.

Es común que los profesores de yoga enfaticen que la práctica es más un viaje que un destino que se puede alcanzar a través del yoga. Cada práctica tiene el potencial de enseñar a alguien algo nuevo sobre sí mismo, y siempre hay más por descubrir, crecer y desarrollarse.

El yoga es una práctica dinámica e integral que ofrece un camino hacia el bienestar físico, el equilibrio emocional, la claridad mental y el desarrollo espiritual. En su forma más pura, el yoga es una disciplina dinámica y polifacética. Es una invitación a explorar, sanar y evolucionar de maneras que tienen el potencial de penetrar en todas las facetas de la propia existencia. El yoga allana el camino hacia un mayor conocimiento de uno mismo, la aceptación y una profunda conexión con el mundo que nos rodea, ya sea durante una postura meditativa, una inhalación para inducir tranquilidad o un periodo de reflexión en silencio.

Capítulo 11: 5 cosas que asustan a los narcisistas

1: Señale sus errores

Señalar los defectos de un narcisista es algo que puede asustarle o molestarle de verdad. Los narcisistas suelen desarrollar un sentido exagerado de sí mismos y un ideal de excelencia y superioridad. Tienden a considerarse perfectos y esperan que los demás piensen lo mismo de ellos. Cualquier intento de socavar esto, como señalar un error que hayan cometido, puede interpretarse como un ataque a su personalidad, ya que este carácter puede estar muy arraigado.

Cuando alguien corrige a un narcisista por un error, no es sólo una recomendación directa o una simple corrección. Pueden verlo como una evaluación de lo que son en su totalidad. Pueden reaccionar con indignación, actitud defensiva, negación o incluso represalias. Estas reacciones intransigentes provienen de un profundo temor a ser vistos como defectuosos o débiles de cualquier manera. Un narcisista a menudo va a hacer todo lo posible para defender su comportamiento, cambiar la culpa, o distorsionar la verdad con el fin de evitar admitir que estaban equivocados.

Las interacciones con los narcisistas pueden ser difíciles debido a su fuerte reacción ante los errores, especialmente en entornos como las relaciones de pareja o el lugar de trabajo, donde la crítica constructiva es aceptada y beneficiosa. Las personas que viven o trabajan con narcisistas pueden sentirse en guardia, reacios a estar en desacuerdo con el narcisista opiniones o acciones.

La respuesta para tratar con un narcisista en muchas situaciones puede estar en comprender este miedo. Dado que las reacciones del narcisista son el resultado de una inseguridad profundamente arraigada, es crucial abordar estas circunstancias con cautela. Otros pueden descubrir métodos de comunicación que son menos propensos a desencadenar una actitud defensiva, mientras que otros pueden optar por evitar el conflicto por completo. Es importante entender, sin embargo, que satisfacer la necesidad de un narcisista de afirmación constante y evitar la responsabilidad sólo puede fomentar su comportamiento. Puede ser difícil, pero esencial, encontrar un equilibrio que mantenga la honestidad y el respeto sin sucumbir a las manipulaciones y preocupaciones del narcisista.

2: Dejar de ofrecerles suministro

La atención, la admiración, la validación o la respuesta emocional que reciben de los demás se denomina "suministro", y es de este suministro de lo que suelen alimentarse los narcisistas. Este suministro alimenta el ego del narcisista y aumenta su sentido de importancia y superioridad. Puede ser bastante desconcertante para un narcisista cuando alguien deja de proporcionar este suministro.

Piense en el narcisista como alguien que ansía constantemente llamar la atención. Puede querer cumplidos, buscar aprobación o incluso buscar peleas (tanto buenas como malas) para sentirse al mando o importante. Puede dejar un vacío en el universo del narcisista cuando alguien elige deliberadamente dejar de proporcionarle este suministro, ya sea dejando de hacerle cumplidos, negándose a jugar a sus juegos manipuladores o incluso eligiendo no responder a sus provocaciones.

El narcisista puede reaccionar a esta pérdida de oferta de varias maneras. En primer lugar, podría aumentar sus esfuerzos para recuperar esta atención haciendo afirmaciones más exageradas o utilizando enfoques más enérgicos. Para obtener la respuesta deseada, puede recurrir a la adulación, la intimidación o la culpa.

El narcisista puede sentirse expuesto, intimidado o incluso desesperado cuando estas estrategias no funcionan. Sin la validación constante de los demás, su autoimagen cuidadosamente elaborada comienza a desmoronarse. Esto puede conducir a la ansiedad o el pánico, que puede manifestarse de diversas maneras, como arremeter, retraerse o buscar nuevas fuentes de apoyo.

Comprender esta dinámica es esencial para cualquiera que esté en una relación con un narcisista, ya sea familiar, romántica o profesional. A menudo se sugiere detener el suministro como estrategia para establecer límites o emanciparse de las garras del narcisista. Pero no siempre es un proceso fácil. La reacción del narcisista puede ser fuerte e impredecible, y requiere apoyo, preparación y fortaleza.

También es importante tener en cuenta que no todos los esfuerzos para dejar de alimentar a un narcisista se hacen conscientemente o como parte de un plan. A veces, a medida que las personas maduran, cambian o llegan a comprender la dinámica dañina que se está produciendo, cortan el suministro de forma natural. De cualquier manera, cortar el suministro puede marcar un punto de inflexión crucial en la relación y una decisión de dejar de participar en el mundo del narcisista.

3: Sigue con tu vida

Después de tratar con una persona narcisista, especialmente si esa persona ha desempeñado un papel importante en tu vida, seguir adelante con tu vida requiere fortaleza, persistencia y autoconciencia. Seguir adelante es importante, pero también lo es recuperar tu identidad, encontrar tus aficiones y reconstruir las relaciones con las personas que más te importan.

Reconocer y comprender el impacto que la relación narcisista ha tenido en ti puede ser el primer paso para seguir adelante con tu vida. Es posible que hayas experimentado agotamiento, confusión o incluso culpabilidad como consecuencia de ello. Para empezar a sanar, es importante reconocer que estos sentimientos son reales y legítimos.

A continuación, es importante centrarse en las propias necesidades y en el desarrollo personal. Esto puede implicar asesoramiento, unirse a grupos de apoyo, leer literatura de autoayuda o participar en actividades que alimenten el alma. Volver a centrarte en ti mismo, encontrar la alegría en las cosas que te gustan y recuperar la confianza en ti mismo son los principales objetivos.

Reconectar con los seres queridos puede ser muy importante para seguir adelante. Puede ser beneficioso rodearse de personas positivas y cariñosas para equilibrar la negatividad y la manipulación que pueda haber experimentado. Es una oportunidad para desarrollar relaciones sinceras y recíprocas y recuperar la confianza perdida.

Establecer y alcanzar objetivos también puede ser estimulante. Trabajar por algo positivo puede ayudarte a cambiar tu perspectiva del pasado al futuro, ya sea un nuevo interés, un cambio profesional o el crecimiento personal.

Sin embargo, es importante comprender que superar la relación narcisista no significa borrar todos los recuerdos o emociones asociados a ella. Es normal seguir experimentando una serie de sentimientos después de la curación, porque olvidar no es la única opción. Lo que importa es cómo decides afrontar esos sentimientos y cómo permites que influyan en tu forma de vivir la vida.

Por último, si el narcisista sigue formando parte de tu vida de alguna manera, puede ser importante establecer límites claros. Esto puede incluir una estricta política de comunicación, contacto limitado, o incluso la separación completa si es necesario para su bienestar.

Después de dejar una relación narcisista, seguir adelante con tu vida es un viaje difícil y gratificante a la vez. Seguir adelante es sólo una parte de la ecuación; la otra parte es redescubrir y reinventar quién eres. Es una demostración de tu capacidad de recuperación, una oportunidad de crecer y de abrazar una vida llena de sentido, alegría y relaciones reales. Es un paso valiente que afirma tu valía y allana el camino hacia un futuro más feliz y saludable.

4: Hacer hincapié en los límites personales

Los narcisistas a menudo violan o no respetan los límites personales con el fin de manipular y controlar a los que les rodean. Pueden invadir tu intimidad, criticar tus decisiones o exigirte mucho tiempo. Su autonomía se ve socavada por este comportamiento, que también puede hacer que se sienta frustrado e impotente.

Para enfatizar tus propios límites, tienes que ser consciente de tus exigencias y derechos dentro de la pareja y expresarlos. Esto significa ser claro sobre lo que es y no es aceptable para ti, y ser firme en tus decisiones.

Por ejemplo, puedes advertir a un progenitor narcisista de que no soportarás más insultos o críticas, y que pondrás fin a la conversación si continúa. Esto requiere claridad, coherencia y voluntad de actuar conforme a lo que has dicho.

Puede ser difícil enfatizar los límites personales con un narcisista porque pueden enfadarse, ponerse a la defensiva o intentar manipularte más. Pueden tratar de hacerte sentir egoísta o culpable por expresar tus necesidades. En este punto, es importante que entiendas que tienes derecho a la protección y que tus deseos y sentimientos son legítimos.

Establecer límites puede significar en realidad limitar el contacto, determinar qué temas están fuera de los límites o determinar las circunstancias en las que interactuará con la persona. Estas decisiones son muy individuales y se basarán en tus necesidades y situación particulares.

Es importante recordar que hacer hincapié en los límites personales no significa que debas intentar cambiar al narcisista o exigir su aprobación. Se trata de defenderte y crear un entorno libre de manipulación y control en el que puedas prosperar. Puede llevar algún tiempo y esfuerzo completar este proceso, especialmente si los patrones de comportamiento arraigados son graves.

5: Mostrar independencia emocional

Los narcisistas suelen intentar ejercer control sobre los demás siendo el centro de sus emociones. Pueden utilizar la culpa, la adulación, la ira o una variedad de otras estrategias emocionales para mantener a las personas atadas a ellos. A menudo se aprovechan de tu naturaleza empática y receptividad emocional para hacerte sentir culpable de su felicidad o miseria. Por esta razón, ser emocionalmente independiente mientras se interactúa con un narcisista puede ser a la vez inquietante y liberador.

Comprender y expresar tus necesidades sin dejarte influir o controlar en exceso por los sentimientos o expectativas de otra persona es lo que significa la independencia emocional. Significa reconocer que tienes derecho a tus sentimientos, ideas y reacciones, y que no tienen por qué estar controlados por otras personas.

Por ejemplo, la independencia emocional significaría reconocer la manipulación de un padre narcisista y tomar la decisión de seguir tu camino sin dejarte influir por sus intentos de controlarte cuando intentan hacerte sentir culpable por elegir un trabajo o una relación que ellos desaprueban.

Desarrollar la independencia emocional puede requerir tiempo, esfuerzo y, a veces, incluso el asesoramiento de expertos. El objetivo es desarrollar la autoconciencia y la confianza en uno mismo. Tendrás que ser capaz de reconocer las tendencias manipuladoras y controladoras y averiguar cómo responder sin dejarte arrastrar por el caos emocional que suelen provocar los narcisistas.

Capítulo 12: ¿Debo perdonar a mi madre narcisista?

El proceso de perdonar a una madre narcisista es complicado e intensamente personal y cada persona debe hacerlo en sus propios términos. No se trata de defender lo sucedido como apropiado ni de intentar bloquear la angustia y el dolor que ha causado. Es un proceso profundo que requiere introspección, compasión y, tal vez, la orientación de un profesional capacitado.

Lo primero que tienes que hacer es comprender el significado del perdón. Es aceptar que perdonar no significa excusar el comportamiento ni aceptar la responsabilidad por el daño causado. El acto de perdonar a alguien implica dejar ir el poder que tu hostilidad tiene sobre ti. Se trata de dar prioridad a tu salud y a tu recuperación por encima del dolor que te han infligido.

Aferrarse a la amargura puede tener un impacto significativo en su vida. Tiene el potencial de convertirse en una pesada carga, un recuerdo constante del pasado que afecta a todos los aspectos de tu salud, incluida tu salud mental, emocional y física. Cuando liberas esta carga, no estás liberando a la otra persona de su responsabilidad; te estás liberando a ti mismo para seguir adelante con tu vida. Se trata de reconocer el sufrimiento por el que has pasado y tomar la decisión consciente de superarlo.

El acto de perdonar a otra persona es un viaje en sí mismo; es un camino pavimentado con autoexamen, comprensión y aceptación. Es posible que haya momentos de ira, desesperación y confusión, pero en última instancia puede conducir a un lugar de calma y claridad. Es una decisión que sólo tú puedes tomar y que debes tomar a tu propio ritmo, en tu propio tiempo y según los parámetros que tú mismo elijas.

Incluso en el ámbito del perdón, los límites son un componente esencial. Si quieres mantener una relación, le debes a la otra persona tratarla con respeto y decencia. Estos límites te protegerán y recibirás la consideración y el cuidado que tanto mereces.

El autoperdón es una práctica que a menudo se descuida a pesar de su igual importancia. Es posible cargar con sentimientos de culpa, vergüenza o culpabilidad por acciones o circunstancias que no fueron culpa tuya. Asumir el hecho de que fuiste una víctima y que tienes derecho al amor, la compasión y el perdón desde tu interior es una parte esencial del proceso de curación.

Sin embargo, es crucial reconocer que la decisión de no perdonar también es genuina y personal y debe respetarse. No es indicativa de quién eres como persona ni define tu carácter. Tus experiencias y tu camino son únicos, y lo más importante es tomar decisiones basadas en lo que te parece auténtico.

El objetivo nunca debe ser mejorar, tanto si decides perdonar a tu madre narcisista como si no. Se trata de rodearte de amor y apoyo, y de hacer cosas que te nutran y te restauren al mismo tiempo. El objetivo es encontrar el camino, paso a paso, hacia un lugar de paz interior, satisfacción y salud.

En última instancia, la decisión de perdonar o no perdonar a un padre narcisista es muy personal y complicada, y no hay una respuesta correcta o incorrecta a esta pregunta. Es un viaje que sólo usted puede tomar, y las decisiones a lo largo del camino son las que sólo usted puede hacer. Tu salud, paz mental y satisfacción son las cosas que más importan, y nadie más es responsable de guiarte hacia ellas.

TU OPINIÓN IMPORTA

Me gustaría invitarle a dejar su reseña sobre el libro. Tu opinión es muy importante y ayuda tanto al autor a mejorar futuras obras como a otros lectores a decidir si este libro es la opción adecuada para ellos.

Printed in Great Britain
by Amazon

38288368R00051